# EPHESER BRIEF

Ein praktischer Bibelkommentar

IN GOTTES LIEBE LEBEN

# EPHESER BRIEF

Ein praktischer Bibelkommentar

JOYCE MEYER
MINISTRIES

Titel der Originalausgabe: Ephesians – Biblical Commentary by Joyce Meyer
Originalverlag: FaithWords Hachette Book Group, New York, U.S.A.


Joyce Meyer Ministries GmbH
Postfach 76 10 01
22060 Hamburg
www.joyce-meyer.de
Tel. +49 (0) 40/88 88 4 11 11

Print-ISBN: 978-3-945678-46-6
ePub-ISBN: 978-3-945678-93-0

Bestellungen bitte an die oben stehende Adresse richten

1. Auflage, April 2020

Bibelzitate wurden meist folgender Bibelausgabe entnommen:
*Neues Leben. Die Bibel,* © 2002 / 2006 / 2017 SCM R.Brockhaus in der SCM Verlagsgruppe GmbH, Witten.

Sonstige verwendete Bibelausgabe:
Bibeltext der *Schlachter Übersetzung,* © Genfer Bibelgesellschaft, CH-1204 Genf (mit SLT gekennzeichnet).

Übersetzung: Jokim Schnoebbe
Lektorat: Esther Keith
Layout: Jannika Helm
Satz: Satz & Medien Wieser, Aachen
Druck und Verarbeitung: CPI books GmbH

# Inhalt

# Über Epheser

**Verfasser:** *Paulus*
**Datum:** *Ungefähr 60 n. Chr.*
**Adressaten:** *Christen in der Stadt Ephesus und in benachbarten Kirchengemeinden*

Paulus' Brief an die Epheser ist ein sehr beliebtes Buch der Bibel, durch das wir wichtige Glaubenslektionen lernen können. Der Brief beantwortet Fragen wie beispielsweise: Wer sind wir durch Jesus Christus? Wie sollen wir als seine Nachfolger leben? Und wie gewinnen wir die Oberhand in unseren geistlichen Kämpfen?

Paulus schrieb Epheser vermutlich als Rundbrief. Das heißt, er war zwar an die Christen in Ephesus adressiert, aber auch dazu gedacht, an umliegende Gemeinden weitergeleitet zu werden.

Ephesus war eine große, einflussreiche Handelsstadt in der heutigen Türkei. Der Website bibleandhistory.com zufolge war sie in der Zeit des Neuen Testaments die viertgrößte Stadt der Welt. Außerdem war sie das Zentrum für die Anbetung der Göttin Artemis. In ihr wimmelte es von okkulten Praktiken wie etwa Magie, Astrologie, Wahrsagerei und Perversion, einschließlich Tempelprostitution. Vor diesem Hintergrund können wir verstehen, warum die Christen in Ephesus die fundierte Glaubenslehre und Ermutigung nötig hatten, die Paulus in diesem Brief bot.

Höchstwahrscheinlich verfasste Paulus den Epheserbrief um 60 n. Chr., und zwar während seiner zweijährigen Gefangenschaft in Rom. Ich habe das Gefängnis besichtigt, von dem man annimmt, dass Paulus dort inhaftiert war, und ich konnte mich selbst davon überzeugen, dass seine Umstände äußerst hart gewesen sein mussten. Die Archäologie verrät uns, dass ein städtischer Abwasserkanal direkt danebenlag. Wir können also davon ausgehen, dass seine Gefängniszelle nicht nur dunkel und ungemütlich war, sondern auch äußerst schlecht roch. Inmitten dieser Not richtete Paulus seinen Blick jedoch nicht auf die alltäglichen Schwierigkeiten seines Daseins. Vielmehr konzentrierte er sich darauf, anderen Menschen zu helfen, indem er seinen Mitchristen schrieb und sie in ihrem Glaubensleben ermutigte.

Bevor wir den Text des Epheserbriefes überhaupt in Augenschein nehmen, lernen wir bereits eine wichtige Lektion aus Paulus' Umständen: Ganz gleich, wie schwer unser Leben in bestimmten Phasen auch sein mag, wir sollten nie vergessen, anderen Menschen Gutes zu tun. Wir können ihnen weiterhin eine Hilfe und Ermutigung sein.

Der Epheserbrief besteht aus sechs Kapiteln. In Kapitel 1 bis 3 geht es darum, wer wir durch Jesus Christus sind, was er an Erstaunlichem für uns getan hat, wie sehr er uns liebt und welche Beziehung wir deshalb zu Gott haben können. In Kapitel 4 bis 6 geht es darum, wie wir uns als Christen verhalten sollen. Diese Reihenfolge ist von Bedeutung, denn sie spiegelt wider, was wir in unserer eigenen Glaubensentwicklung erleben sollten: Zuerst geht es darum, unsere persönliche Gottesbeziehung aufzubauen, und dann können wir auch charakterlich wachsen. Unsere Gedanken, unsere Worte und unser Handeln passen sich dann immer mehr an Gottes Gedanken, Worte und Handeln an.

Ganz gleich, wie sehr wir Gott bereits lieben, beim Lesen der ersten drei Kapitel von Epheser vertieft sich diese Liebe noch. Wir haben dann nicht das Gefühl, dass wir uns seine Liebe durch die Verbesserung unseres Verhaltens verdienen müssen. Nein, wir wollen unsere Gedanken, unsere Worte und unser Verhalten gerade deshalb ändern, *weil* wir immer mehr erkennen, wie sehr Gott uns liebt. Wir erwidern seine Liebe.

Viele Menschen missverstehen, wie man sein Denken und

Verhalten ändert. Sie versuchen, diese Veränderung durch ihre menschliche (Willens)kraft herbeizuführen. Vergeblich. Am Ende sind sie entmutigt und frustriert. Der Epheserbrief lehrt uns, dass wir uns rein durch eigene Anstrengung absolut nicht verändern können. Die Angst, dass Gott uns nicht liebt, solange wir uns nicht bessern, ist keine gute Motivation. Die richtige Motivation ist, uns verändern zu wollen, weil es ein Ausdruck unserer Liebe zu Gott ist – die Antwort auf seine überwältigende Liebe zu uns.

Eine der wichtigsten und besonders erfrischenden Lektionen aus Epheser lautet, dass unsere Beziehung zu Gott an erster Stelle stehen muss. Das ist der Schlüssel, um Veränderungen im eigenen Leben zu bewirken. Wir sollten uns die Zeit nehmen, eine starke Gottesbeziehung zu pflegen. Wenn wir uns vor Augen halten, wie sehr Gott uns liebt und wer wir durch Jesus Christus sind, wird Veränderung kommen. Aus unserer Beziehung zu Gott wird dann die gute Frucht erwachsen, die er vorgesehen hat.

### *Schlüsselwahrheiten aus dem Epheserbrief:*

- »In« Jesus Christus zu sein, ist eine geistliche Realität, die wichtigste Realität, in der wir leben können.
- Durch Jesus sind wir bedingungslos geliebt und angenommen.
- Wir werden allein aus Glauben gerettet, nicht durch irgendetwas, das wir selbst tun können.
- Jesus hat uns den Sieg im geistlichen Kampf geschenkt.

KAPITEL 1

# Eine feste Grundlage

## Gottes Wille

*Epheser 1,1*

*Diesen Brief schreibt Paulus, ein von Gott berufener Apostel von Christus Jesus, an alle in Ephesus, die an Christus Jesus glauben und zu Gott gehören.*

Ein Gebäude kann nicht errichtet werden, ohne auf einer festen Grundlage zu stehen. Genauso kann unser Glaubensleben nicht aufgebaut werden und den Lebensstürmen standhalten, es sei denn, wir haben eine feste Grundlage. In Epheser 1 geht es um diese Glaubensgrundlage. Paulus bespricht mehrere Wahrheiten, die für Gottes Kinder von großer Bedeutung sind.

Zunächst weist er darauf hin, dass er ein von Gott berufener Apostel ist. Er hat sich diese Aufgabe nicht selbst zugeteilt. Was immer wir im Leben tun, es gelingt nur dann richtig, wenn es Gottes Wille für uns ist. Allzu oft treffen wir Entscheidungen auf eigene Faust und beten, dass Gott uns Erfolg schenken möge. Doch so funktioniert die Gottesbeziehung nicht. Sein Wille muss in allem den Vorrang haben.

Sich in Gottes Willen zu befinden, erzeugt inneren Frieden. Das bedeutet, wir können seinen Willen in einer Situation vor allem daran erkennen, ob wir bei einer Entscheidung inneren Frieden haben oder nicht. Außerdem läuft es normalerweise gut, wenn wir dem Willen Gottes folgen. Wir mögen zwar auf Widerstand stoßen und müssen auch Schwierigkeiten bewältigen, aber letztendlich bringt Gottes Wille immer inneren Frieden und gute Frucht hervor. Es ist nicht Gottes Absicht, dass wir uns allein durchs Leben kämpfen. Doch genau das werden wir tun, solange wir uns nicht in seinem Willen befinden.

Der erste Schritt hin zum Willen Gottes ist der aufrichtige Wunsch danach. Bete, dass Gott dich befähigt, seinen Willen zu tun. Spürst du, dass eine Kurskorrektur notwendig ist? Dann bitte Gott um Hilfe, diese vorzunehmen. Wenn dir Gottes Wille wichtig ist, wird er dich führen und dir zeigen, was du tun musst.

## Zur persönlichen Vertiefung

Befindest du dich in dieser Lebensphase – soweit du weißt – in Gottes Willen? Wenn nicht, welche Kurskorrektur musst du vornehmen, um die Frage mit Ja zu beantworten?

# Gnade und Frieden

*Epheser 1,2*

*Ich wünsche euch Gnade und Frieden von Gott, unserem Vater, und von Jesus Christus, unserem Herrn.*

Paulus begann den Brief an die Epheser nicht mit »Hallo, wie läuft's?«. Vielmehr begrüßte er seine Leser mit den Worten »Ich wünsche euch Gnade und Frieden«. Er benutzte diese Grußformel in mehreren seiner Briefe an christliche Gemeinden, aber sie war mehr als nur eine Formel. Sie vermittelte sehr viel. Paulus wünschte sich, dass die Empfänger seiner Briefe Frieden genießen würden. Allerdings wusste er auch, dass dies nur möglich war, wenn sie die Gnade Gottes verstanden.

Was ist Gnade? Zum einen ist sie Gottes unverdiente Gunst und die brauchen wir alle täglich. Zum anderen handelt es sich um die Kraft Gottes, die uns befähigt, die Herausforderungen des Lebens zu bewältigen. Gnade macht Unmögliches möglich und Schwieriges leicht. Ich definiere Gnade gerne so: Gnade ist Gottes unverdiente Gunst und seine Kraft, die uns befähigt, das mit Leichtigkeit zu tun, was wir durch eigene Mühe nie hinbekommen würden.

Ist dein Leben von Frieden geprägt? Wenn nicht, dann könnte es daran liegen, dass du noch nicht gelernt hast, aus Gottes Gnade heraus zu leben. Weil Gott so gnädig ist, hat er uns durch den Glauben an Jesus Christus gerettet (siehe Epheser 2,8). An dieser Gnade müssen wir uns auch in unserem Alltag orientieren, um Frieden zu empfangen. Jesus sagte sehr deutlich, dass wir ohne ihn nichts tun können (siehe Johannes 15,5). Trotzdem wollen die meisten von uns bei bestimmten Dingen unbedingt mit dem Kopf durch die Wand, bevor wir schließlich unsere eigenen Bemühungen aufgeben und lernen, uns in allem auf Gottes Gnade (seine Kraft und Befähigung) zu verlassen.

Viele Jahre lang war ich frustriert und mühte mich ab, mich selbst, meine Mitmenschen und meine Lebensumstände zu verändern. Heute weiß ich, dass nur Gott sie verändern kann. Damals hatte ich keinen Frieden. Je mehr ich lernte, mich auf Gottes Gnade zu stützen, desto mehr inneren Frieden gewann ich.

## Zur persönlichen Vertiefung

Auf einer Skala von 1 bis 10 (wobei 1 am schlechtesten und 10 am besten ist), wie viel inneren Frieden hast du normalerweise? Was könntest du in deinem Leben ändern, damit dein Friede zunimmt?

(10) Danke für den Frieden in meinem Herzen.

# Geistlicher Segen

## *Epheser 1,3*

*Wir loben Gott, den Vater von Jesus Christus, unserem Herrn, der uns durch Christus mit dem geistlichen Segen in der himmlischen Welt reich beschenkt hat.*

Dieser erstaunliche Vers sagt uns, dass Gott uns bereits mit seinem geistlichen Segen beschenkt hat. Geistlicher Segen unterscheidet sich von materiellem Segen. Ein Mensch kann großen materiellen Reichtum haben und auf der obersten Sprosse der weltlichen Erfolgsleiter stehen und doch in geistlicher Hinsicht bankrott sein. Geistlicher Reichtum, das sind Errettung, Frieden, Freude, Erfüllung, Zufriedenheit, mit Gott im Reinen sein, Weisheit und wahre geistliche Kraft.

Gott hat uns mit allem beschenkt, was wir brauchen. Dennoch vergeuden wir oft Jahre mit der Jagd nach Dingen, die viel weniger bedeuten als das, was wir schon von Gott empfangen haben. Wir sind Kinder Gottes und als solche steht uns sein geistlicher Segen zu. Dieser befindet sich bereits in unserem Besitz. Aber wir müssen uns fragen: »Habe ich meinen Besitz überhaupt schon angezapft?« Damit meine ich, dass uns Gottes Geschenke nichts nützen, solange wir sie nicht im Glauben annehmen. Wir nehmen sie im Glauben an, indem wir den Zusagen Gottes glauben. Beispielsweise hat Gott uns Weisheit und Freude zugesagt. Glauben wir, dass wir Weisheit besitzen? Glauben wir, dass seine Freude in unserem Innern wohnt, oder versuchen wir, uns an Dingen zu erfreuen, die uns gar keine wahre Freude geben können?

Ich besitze ein Haus, in dem es lauter gute Dinge gibt. Ich besitze auch einen Schlüssel zu meinem Haus, der mir Zugang zu all den guten Dingen darin ermöglicht. Doch solange ich meinen Schlüssel nicht benutze, bringt mir all das Gute in dem

Haus nichts. Der Schlüssel zu all dem Guten, dem geistlichen Segen, mit dem Gott uns bereits beschenkt hat, ist der Glaube, dass uns das alles zusteht. Wir können in einem kindlichen Glauben leben und uns einfach auf Gottes Zusagen verlassen, ohne sichtbare Beweise zu fordern. *[Der Glaube] ist das Vertrauen darauf, dass das, was wir hoffen, sich erfüllen wird, und die Überzeugung, dass das, was man nicht sieht, existiert* (Hebräer 11,1).

Je klarer uns wird, was Gott durch Jesus für uns getan hat, und je mehr wir es im Glauben annehmen, desto mehr können wir unser Leben genießen. Unser wahres Leben ist nicht in unseren Umständen zu finden, sondern in unserem Innern. Jesus sagte, dass Gottes Reich in uns ist (siehe Lukas 17,21). Sprich: Wir bekommen keinen Zugang zu den geistlichen Segnungen und den Dingen Gottes, indem wir sie von unseren äußeren Umständen oder Mitteln erwarten; wir bekommen Zugang zu ihnen in unserem Herzen.

Versuch einmal, dir jeden Morgen beim Aufstehen in Gedanken zu sagen: *Ich habe alles, was ich brauche, um einen wunderbaren Tag zu erleben, weil Gott mich bereits reich beschenkt hat mit dem geistlichen Segen der himmlischen Welt.* Du wirst feststellen, dass ein derartiges Denken viel hilfreicher ist, als dem Glück den ganzen Tag hinterherzujagen und am Ende jeden Tages enttäuscht zu sein, weil sich das ersehnte Glück dir wieder einmal entzogen hat.

## Zur persönlichen Vertiefung

Was brauchst du deiner Meinung nach, um dein Leben wirklich zu genießen? Hast du das Gute in Besitz genommen, mit dem Gott dich bereits reich beschenkt hat?

# Geliebt und auserwählt

*Epheser 1,4-6*

*Aus Liebe hat Gott uns schon vor Erschaffung der Welt in Christus dazu bestimmt, vor ihm heilig zu sein und befreit von Schuld. Von Anfang an war es sein unveränderlicher Plan, uns durch Jesus Christus als seine Kinder aufzunehmen, und an diesem Beschluss hatte er viel Freude. Deshalb loben wir Gott für die herrliche Gnade, mit der er uns durch den geliebten Sohn so reich beschenkt hat.*

Jeder mag es, für etwas Besonderes ausgewählt zu werden. Erinnerst du dich noch, wie es als Kind war, wenn die Auswahl für eine Tanzgruppe, ein Sportteam oder für etwas anderes getroffen wurde? Ich ja, und ich erinnere mich auch noch gut an die Angst, nicht ausgewählt zu werden. Die Zurückweisung war eine Qual. Vielleicht bist du nie für ein Sportteam, eine Beförderung bei der Arbeit oder die Lobpreisgruppe in deiner Kirche ausgewählt worden. Aber Gott möchte, dass du weißt: Er hat dich erwählt. Wer an ihn glaubt, wird von ihm nie abgewiesen. Das Wissen, dass Gottes Wahl auf dich gefallen ist, gibt dir die Zuversicht, das Leben mutig und ohne Angst anzupacken.

Im Zusammenhang mit diesen Versen hört man in einigen christlichen Kreisen öfter den Begriff *Vorherbestimmung*. Das mag mitunter kompliziert theologisch klingen, ist aber eigentlich ganz einfach. Wir müssen es nur im richtigen Licht betrachten.

Gott plante schon vor Grundlegung der Welt, dass Jesus Christus uns durch seinen Tod am Kreuz erlösen würde. Er wusste: Der Mensch würde sündigen. Doch Gott ist nie ohne einen Plan. Für jedes Problem hat er immer eine Lösung. Deshalb plante er, zu gegebener Zeit seinen einzigen Sohn Jesus zu senden, um die Strafe für unsere Sünde auf sich zu nehmen. Wir können uns unsere Errettung nicht als Verdienst anrechnen. Gott hat sie geplant und Jesus hat dafür bezahlt. Wir müssen nichts weiter tun, als zu glauben und zu empfangen.

Jemand fragte einmal einen kleinen Jungen, ob er Jesus schon gefunden habe. Er erwiderte: »Ich wusste gar nicht, dass er verloren ist. Aber ich war verloren und er hat mich gefunden.« Immer und immer wieder werden die Gläubigen in der Bibel als Gottes »Auserwählte« bezeichnet. Lass diese Wahrheit in deine Seele dringen: Du bist auserwählt! Gott will dich. Er nimmt dich an. Er hat dich adoptiert.

Selbst unsere Eltern mögen uns im Stich lassen, aber Gott nicht. Er nimmt uns auf und adoptiert uns als seine eigenen Kinder (siehe Psalm 27,10). Dieser Vers hat mir viel Trost gespendet, denn meine Eltern haben mich nicht so geliebt, wie es sich für Eltern gehört. Ihre Ablehnung verursachte seelischen Schmerz und Verhaltensstörungen bei mir. Umso wichtiger war für mich die Erkenntnis, dass Gott mich erwählt und adoptiert hat und dass er mich bedingungslos liebt. So konnte meine Seele heilen. Dieselbe Heilung steht jedem zur Verfügung, der sich dafür öffnet.

Gottes Plan schloss von Anfang an mit ein, dass er uns lieben würde. Bevor du oder ich auf dem Planeten Erde ankamen, hatte Gott bereits beschlossen, dass er uns mit einer vollkommenen und bedingungslosen Liebe lieben würde. Wir müssen uns seine Liebe nicht verdienen; er schenkt sie uns.

Hat Gott einige Menschen erwählt und andere nicht? Auf keinen Fall! Seine Gnade steht jedem zur Verfügung. Traurigerweise lehnen einige sie ab. H. A. Ironside erzählt in seinem Bibelkommentar zum Epheserbrief folgende Anekdote (H. A. Ironside: *Ephesians: An Ironside Expository Commentary*, Grand Rapids, MI: Kregel Publications, 1937; nachgedruckt 2007, S. 19).

Als ein Christ gebeten wurde, die Glaubenslehre der Erwählung zu erklären, sagte er: »Nun, es ist so: Der Herr hat für meine Errettung gestimmt; der Teufel hat für meine Verdammnis gestimmt; und ich habe mit dem Herrn gestimmt, also haben wir die Mehrzahl erzielt.«

Gott hat bereits seine Stimme abgegeben und jetzt müssen wir nur noch mit ihm stimmen. Gott möchte, »dass jeder gerettet wird und die Wahrheit erkennt« (siehe 1. Timotheus 2,4).

Genauso wie wir alle gerne ausgewählt werden, sehnen wir uns auch danach, bedingungslos geliebt zu werden. Es ist nicht einmal übertrieben zu sagen, dass wir uns so sehr nach Liebe und Annahme sehnen, wie ein Verdurstender nach Wasser lechzt. Leider versuchen Menschen, diesen Liebesdurst oft auf falsche Weise zu stillen. Viele handeln sogar ihren eigenen Maßstäben und Wertvorstellungen zuwider, um Liebe zu bekommen. Die einzige Person, von der wir vollkommene, bedingungslose Liebe empfangen können, ist Gott. Er bietet sie uns reichlich an und fordert nichts von uns als nur, dass wir seinem Liebesangebot glauben und es annehmen – und dann lernen, unser Leben von dieser Liebe bestimmen zu lassen. Das klingt vielversprechend und eigentlich dürfte es doch nicht so schwierig sein. Trotzdem tun sich viele Menschen schwer damit. Warum?

Die Liebe, die wir im Zwischenmenschlichen erfahren, ist unvollkommen. Die Liebe anderer Menschen ist oft an Bedingungen geknüpft und hängt davon ab, ob wir ihnen gefallen. Sie erweisen uns Liebe, wenn wir ihnen gefallen, und enthalten sie uns vor, wenn wir ihnen nicht mehr gefallen. Dadurch lernen wir sehr schnell, dass Liebe einen Preis hat, der kontinuierlich von uns gefordert wird. Entsprechend bemühen wir uns, die Erwartungen anderer zu erfüllen, um die gewünschte Liebe und Annahme von ihnen zu erhalten. Wenn Menschen auf ihrer Suche nach bedingungsloser Liebe enttäuscht werden, entsteht dadurch ein seelisches Defizit, aus dem Suchtverhalten erwachsen kann, das den Schmerz der Ablehnung lindern soll.

Durch Jesus Christus bietet Gott uns eine Lösung für dieses

Problem. Er bietet uns das an, wonach wir uns sehnen. Seine Liebe ist ewig und sie ist so groß, dass wir ihre Höhe, Tiefe, Länge oder Breite nicht ermessen können. Sie übersteigt unser menschliches Verstehen, wissen wir doch, dass wir eine solche Liebe nicht verdient haben. Menschlich gesehen erscheint sie nicht angemessen oder möglich und deshalb lassen wir sie uns oft ganz entgehen. Aber ich kann jedem nur wärmstens empfehlen, Bibelstellen wie Epheser 1,4-6 zu verinnerlichen, bis die Wahrheit der Bibel sich zu einer tiefen Herzensüberzeugung festigt. Ich kann mit absoluter Gewissheit sagen, dass nichts in unserem Leben richtig gelingen wird, bis wir Gottes Liebe im Glauben annehmen. Die Erkenntnis, dass wir bedingungslos geliebt sind, muss unsere feste Lebensgrundlage bilden. Wir müssen nicht nach weiteren Gründen dafür suchen, sondern dürfen es einfach glauben, weil Gott es sagt. Gott liebt uns, weil er es will. Es bereitet ihm Freude.

## Zur persönlichen Vertiefung

Glaubst du, dass Gott dich bedingungslos liebt? Dass er dich selbst dann liebt, wenn du dich nicht gut benommen hast? Dass es ihm unmöglich ist, dich nicht zu lieben – weil er selbst die Liebe ist (siehe 1. Johannes 4,8)?

KAPITEL 2

# Wissen, wer wir durch Jesus sind

## Unsere Identität in ihm

*Epheser 1,7-10*

*Seine Gnade ist so groß, dass er unsere Freiheit mit dem Blut seines Sohnes erkauft hat, sodass uns unsere Sünden vergeben sind. Er hat uns mit Gnade überhäuft und uns Weisheit und Erkenntnis gegeben. So hat Gott uns nun seinen Willen erkennen lassen, der lange verborgen war, und uns seinen Plan mit Christus offenbart. Gott beschloss, wenn die Zeit dafür gekommen ist, alles im Himmel und auf der Erde der Vollmacht von Christus zu unterstellen.*

In diesen Versen ist davon die Rede, was wir »mit Christus« und »von Christus« erlangt haben. Im griechischen Originaltext steht bei diesen Formulierungen wörtlich »in dem Christus«. *In* Jesus Christus sein – das ist eines der wichtigsten Konzepte im Neuen Testament. Vers 7 beginnt im Originaltext mit den Worten: »In ihm haben wir Erlösung.« Später in dem Kapitel heißt es in Vers 11: »... in ihm, in welchem wir auch ein Erbteil erlangt haben«, und Vers 13 sagt uns, dass wir »in ihm« durch den Heiligen Geist versiegelt worden sind. Lesen wir das Neue Testament in einer sehr wortgetreuen Bibelübersetzung (wie zum Beispiel der Schlachterbibel oder der Elberfelder Bibel), so stoßen wir immer wieder auf diese Formulierung, gewöhnlich im Zusammenhang mit einer bestimmten Zusage Gottes oder einer ermutigenden Wahrheit.

Was bedeutet es, »in ihm« zu sein? Es bedeutet, dass Gott diejenigen, die an seinen Sohn Jesus Christus glauben, »in ihm« sieht – und deshalb gelten ihnen all die wunderbaren Zusagen der Bibel.

Als Kinder Gottes leben wir in gewisser Weise an zwei Orten gleichzeitig. Paulus wollte seinen Lesern zeigen, dass sie nicht nur in Ephesus lebten, sondern auch in Jesus. Ich lebe in

St. Louis im US-Bundesstaat Missouri, aber ich lebe auch in Jesus. Wir führen unser äußeres Leben mit unseren Füßen auf dem Boden, aber gleichzeitig haben wir noch ein anderes Leben – ein geistliches Leben –, das wir in Jesus führen.

Ein Wendepunkt in unserer geistlichen Entwicklung stellt sich ein, wenn wir lernen, wer wir in bzw. durch Jesus sind. Ich war viele Jahre lang Christin, bevor ich diese Wahrheit begriff. Folglich war ich oft frustriert und gewann in meinem Alltag nicht die Oberhand. Viele Christen verbringen ihr Leben mit dem vergeblichen Versuch, etwas zu bekommen, das sie bereits durch Jesus haben. Sie wollen durch gute Taten und ein vorbildliches Verhalten mit Gott ins Reine kommen, werden durch ihr eigenes Versagen aber immer wieder enttäuscht. Ihr Kampf hört nicht auf und ihre Freude nimmt nicht zu, bis sie zu der Erkenntnis gelangen und begreifen, dass sie bereits mit Gott versöhnt sind, weil sie aus Gottes Sicht in Jesus sind. Dann können sie in dem, was Jesus für sie am Kreuz getan hat, zur Ruhe kommen. Als Jesus am Kreuz hing, rief er aus: »Es ist vollbracht!« Damit meinte er, dass er die Strafe für all unsere Sünden auf sich genommen und uns mit Gott versöhnt hat. Jesus hat getan, was getan werden musste. Jedem, der ins Allerheiligste treten und eine persönliche Beziehung zu Gott haben möchte, steht die Tür weit offen.

Hier sind zehn biblische Wahrheiten, über die du nachdenken, die du glauben und die du laut aussprechen kannst, um zu bekräftigen, wer du durch Jesus bist.

1. Gott hat mir durch Jesus ein neues Leben geschenkt (siehe Epheser 2,5).
2. Ich bin frei von der Macht der Sünde und des Todes (siehe Römer 8,2).
3. Durch Gottes Liebe bin ich vor ihm heilig und befreit von Schuld (siehe Epheser 1,4; 1. Petrus 1,16).
4. Jesus hat sein Denken in mich hineingelegt (siehe 1. Korinther 2,16; Philipper 2,5).

5. Ich habe Gottes Frieden, der weit über alles Verstehen hinausreicht (siehe Philipper 4,7).
6. Der Geist Gottes, der in mir lebt, ist größer als der Geist, der die Welt regiert (siehe 1. Johannes 4,4).
7. Mir ist alles möglich durch Jesus Christus (siehe Philipper 4,13).
8. Ich bin durch Jesus ein neuer Mensch (siehe 2. Korinther 5,17).
9. Durch Jesus, der mich liebt, trage ich einen überwältigenden Sieg davon (siehe Römer 8,37).
10. Ich bin durch Jesus vor Gott gerecht gesprochen (siehe 2. Korinther 5,21).

DANKE!

# Unser göttliches Erbe

## *Epheser 1,11-12*

*Darüber hinaus haben wir durch Christus ein göttliches Erbe empfangen, denn Gott hat uns von Anfang an erwählt, wie er es mit seinem Willen beschlossen hatte. Wir, die wir als Erste auf Christus gehofft haben, sollen mit unserem Leben Gottes Herrlichkeit loben.*

Durch Jesus haben wir ein göttliches Erbe empfangen. Wenn Eltern ihren Kindern etwas vererben, bekommt der Sohn oder die Tochter kostenlos das, was die Eltern verdient oder sich erarbeitet haben. Eine große Erbschaft ist erfreulich und zeigt den Kindern, dass ihre Eltern an sie gedacht haben.

In seinem Brief an die Römer schreibt Paulus, dass wir als Gottes Kinder auch Miterben an Gottes Reichtum sind, denn alles, was Gott seinem Sohn Jesus gibt, gehört auch uns. Wir haben Anteil an seinem geistlichen Segen und Erbe, weil wir an ihn glauben (siehe Römer 8,17). Jesus sagte: Alles, was der Vater hat, gehört ihm (Jesus), und alles, was er hat, gehört uns (siehe Johannes 16,15).

Im Römerbrief stellt Paulus das dem Beispiel von Arbeitern gegenüber. Wenn Menschen arbeiten, erhalten sie ihren Lohn nicht als Geschenk, denn ein Arbeiter hat sich verdient, was er bekommt (siehe Römer 4,4). Solange wir nicht begreifen, was für ein Geschenk es ist, dass wir »in Jesus« sein dürfen, verspüren wir auch keine große Dankbarkeit Gott gegenüber. Wenn wir uns selbst als Arbeiter sehen, arbeiten wir aus eigener Kraft. Haben wir dann unserer Meinung nach etwas Gutes erreicht, so bilden wir uns ein, Gott sei uns etwas schuldig. Eine derart gesetzliche Haltung in der Gottesbeziehung kann einem Kind Gottes viel Kummer bereiten.

Im 16. Jahrhundert gab es einen Mönch namens Martin Luther, der am eigenen Leib erlebte, wie viel Kummer man als geistlicher »Arbeiter« auf sich laden kann. Nachdem er diese geistliche Qual jahrelang durchgemacht hatte, las er schließlich in Römer 1,17, dass Gott uns »einzig und allein durch Glauben« gerecht spricht. Er verstand, dass wir nur durch die Gnade Gottes gerettet werden – durch Glauben – und dass keine Anstrengung unsererseits uns je retten kann. Diese Erkenntnis setzte die protestantische Reformation in Gang, welche das Gottesbild vieler Millionen Christen verändert hat.

Wir müssen unbedingt begreifen, dass wir uns unsere Errettung und unsere Stellung vor Gott durch keinerlei gute Werke verdienen können und dass wir allein durch Jesus mit Gott versöhnt und von ihm uneingeschränkt angenommen werden. Erst durch dieses Verständnis können wir das Leben in Angriff nehmen, für das wir als Kinder Gottes und Botschafter von Jesus bestimmt sind.

In den ersten drei Kapiteln des Epheserbriefes widmet Paulus viele Zeilen dem Ziel, uns zu vermitteln, wer wir durch Jesus sind. Um zusammenzufassen, was er sagt: Wir sind von Gott bedingungslos geliebt, angenommen, auserwählt und als seine Kinder adoptiert, und das alles durch Gottes Gnade und Güte.

Später, in den letzten drei Kapiteln des Briefes, zeigt Paulus uns auf, wie wir in Anbetracht dieser Tatsachen leben sollen. In der Tat kann unser Verhalten erst im Einklang mit Gottes Willen sein, wenn wir diese wunderbarste und erstaunlichste aller Wahrheiten erkannt haben: wer wir in und durch Jesus sind. Für Kinder Gottes gibt es kaum etwas Tragischeres, als gelehrt zu bekommen, wie sie sich verhalten sollen, ohne je zu lernen, wer sie »in ihm« sind.

## Zur persönlichen Vertiefung

Weißt du, wer du in bzw. durch Jesus bist?

# Das Siegel des Heiligen Geistes

*Epheser 1,13-14*

*Durch Christus habt auch ihr nun die Wahrheit gehört, die gute Botschaft, dass Gott euch rettet. Ihr habt an Christus geglaubt, und er hat euch mit dem Siegel seines Heiligen Geistes, den er vor langer Zeit zugesagt hat, als sein Eigentum bestätigt. Der Heilige Geist ist die Garantie dafür, dass er uns alles geben wird, was er uns versprochen hat, und dass wir sein Eigentum sind – zum Lob seiner Herrlichkeit.*

Auf manche Produkte, die wir kaufen, bekommen wir Garantie. Durch die Garantie will uns der Hersteller versichern, dass seine Produkte qualitativ hochwertig sind und wir ihnen vertrauen können. Der Hersteller steht hinter seinen Produkten, befindet sie für gut und garantiert uns ein Produkt in einem einwandfreien Zustand.

Uns wird zweimal im Epheserbrief und einmal im 2. Korintherbrief gesagt, dass der Heilige Geist für uns eine ganz ähnliche Garantie darstellt. Wir können noch besser verstehen, wie erstaunlich diese Garantie ist, wenn wir einen Blick auf die Kultur in Ephesus werfen.

Sowohl Ephesus als auch Korinth waren zu Paulus' Zeiten Zentren der Holzwirtschaft. Wenn Holzblöcke auf dem Schwarzen Meer transportiert und im Hafen auf Flößen gelagert wurden, schickten Holzunternehmen Vertreter in den Hafen, um Holzblöcke auszusuchen und zum Kauf zu markieren. Allerdings mussten sie mit der Markierung auch eine Anzahlung leisten, um zu garantieren, dass sie zu gegebener Zeit die Blöcke holen würden. Obwohl die Blöcke vielleicht noch lange im Hafen blieben, wusste durch die Markierung jeder, wem sie gehörten und für wen sie abgesondert waren.

An dem Tag, an dem Jesus für uns wiederkommt und wir

endgültig erlöst werden, wird er aus dieser Welt alle Menschen zu sich holen, die mit dem Heiligen Geist »markiert« worden sind. Dieses Siegel des Heiligen Geistes garantiert nicht nur unser gesamtes Erbe, sondern schützt uns auch, während wir auf die Wiederkunft von Jesus warten. Wir müssen keine Angst haben oder uns Sorgen machen, denn wir haben eine Garantie.

Der Heilige Geist ist die Garantie, dass Gott uns erworben hat. Seine Gegenwart in unserem Leben ist die Anzahlung für all das Gute, das noch kommt. Gott hat versprochen, dass er uns vollständig vom Bösen und den damit einhergehenden Folgen erlösen wird. Deshalb können wir hier auf der Erde große Zuversicht schöpfen. Wir dürfen uns auf das Gute freuen, das uns bevorsteht. Denn Jesus kommt und holt uns ab.

## Zur persönlichen Vertiefung

Wie oft denkst du an die Wiederkunft von Jesus? Stellst du dir vor, wie es sein wird, ihn so zu sehen, wie er wirklich ist, und in alle Ewigkeit in seiner Nähe zu leben?

## Paulus' Gebet für Christen

*Epheser 1,15-20*

*Seit ich das erste Mal von eurem festen Glauben an Jesus, den Herrn, und von eurer Liebe zu allen Gläubigen hörte, habe ich nicht aufgehört, Gott für euch zu danken. Ich bete ständig für euch und bitte den Gott unseres Herrn Jesus Christus, den Vater der Herrlichkeit, euch den Geist der Weisheit und Einsicht zu schenken, damit eure Erkenntnis von Gott immer größer wird. Ich bete, dass eure Herzen hell erleuchtet werden, damit ihr die wunderbare Zukunft, zu der er euch berufen hat, begreift und erkennt, welch reiches und herrliches Erbe er den Gläubigen geschenkt hat. Ich bete, dass ihr erkennen könnt, wie übermächtig groß seine Kraft ist, mit der er in uns, die wir an ihn glauben, wirkt. Es ist dieselbe gewaltige Kraft, die auch Christus von den Toten auferweckt und ihm den Ehrenplatz an Gottes rechter Seite im Himmel gegeben hat.*

Paulus hatte von der Liebe und dem Glauben unter den Christen in Ephesus gehört. Ich hoffe, auch wir sind bekannt für unsere Liebe zu allen Menschen und für unseren Glauben an Jesus Christus. Es gibt nichts Besseres, für das man bekannt sein kann. Was möchtest du, dass die Menschen über dich sagen, wenn du nicht mehr auf der Erde lebst? Hast du schon einmal darüber nachgedacht? Sollen sie sagen, dass du reich warst, dass du ein großes Unternehmen geleitet hast oder dass du ein berühmter Schauspieler oder Sänger gewesen bist? Oder sollen sie lieber das sagen, was Paulus von den Ephesern hörte? Lasst uns unser Leben auf das ausrichten, was wirklich wichtig ist: auf das Ewige statt auf das Vergängliche.

Paulus betete ständig für die Epheser und er sagte, dass er

Gott wegen ihrer Liebe und ihrem Glauben dankte. Seine Gebete für sie schlossen noch andere Punkte mit ein, die von geistlicher Tiefe zeugen.

Paulus betete nicht dafür, dass die Epheser von allen Schwierigkeiten befreit würden oder mehr materielle Güter haben sollten. Tatsächlich fällt mir keine einzige Stelle in Paulus' Briefen ein, wo er etwas Derartiges gebetet hat. Auch in den anderen Briefen des Neuen Testaments sind solche Gebete nicht zu finden. Ich will damit nicht sagen, dass es falsch ist, Gott in unseren Schwierigkeiten um Hilfe zu bitten oder Materielles von ihm zu erbeten, doch diese Dinge sollten nicht unser Hauptaugenmerk sein.

Paulus betete nur für Dinge, die seinen Lesern geistlich helfen würden. Er wusste, wie wertvoll geistliche Kraft ist. Er verstand: Wer eine gefestigte Identität in Jesus hat, der hat innerlich eine geistliche Stärke, die ihn auch durch schwierige Umstände hindurchträgt und ihn die Oberhand gewinnen lässt.

Ein starker Geist bleibt auch bei körperlichen Schmerzen und anderen Schwierigkeiten bei Kräften (siehe Sprüche 18,14). Unser erster Impuls ist, dafür zu beten, dass uns Schmerzen und Schwierigkeiten erspart bleiben. Aber es wäre viel besser, stattdessen für die geistliche Kraft zu beten, alles gut ertragen zu können – ganz gleich, was geschieht. Gott verspricht uns nirgends, dass wir in diesem Leben keine Schwierigkeiten haben werden. Er sagt uns jedoch zu, dass er immer bei uns sein und uns helfen und stärken wird (siehe Josua 1,9; Jesaja 41,10; Matthäus 28,20).

Paulus betete dafür, dass wir Jesus ganz tief und persönlich kennenlernen, weil dadurch unsere Erkenntnis von Gott immer größer wird. Gott zu kennen – das mag unerreichbar klingen, doch genau dafür betete Paulus. Das ewige Leben besteht darin, den einzig wahren Gott und seinen Sohn Jesus Christus zu kennen (siehe Johannes 17,3). Ihn zu kennen bedeutet, seinen Charakter zu kennen, zu wissen, wie er in verschiedenen Situationen reagiert, wie er mit Menschen umgeht und was Liebe ist –

denn er ist Liebe. Gott zu kennen heißt, das Leben und das Licht und alles, was gut ist, zu kennen. Paulus erklärte in seinem Brief an die Philipper, dass es sein Wunsch war, Jesus zu erkennen und die mächtige Kraft, die ihn von den Toten auferweckte, persönlich zu erfahren (siehe Philipper 3,10).

Lasst uns Gottes Angesicht suchen und nicht bloß seine Hand. Anders ausgedrückt, lasst uns Gott um seiner selbst willen suchen statt nur wegen der Dinge, die er für uns tun kann.

Als Nächstes betete Paulus, dass unsere Herzen hell vom Heiligen Geist erleuchtet würden, damit wir die wunderbare Zukunft, zu der er uns berufen hat, begreifen und auch erkennen, welch reiches und herrliches Erbe er uns geschenkt hat. Merkst du, mit was für einer Leidenschaft und Tiefe Paulus betete? Es ist so wichtig, dass wir diese Wahrheiten nicht nur vom Kopf her wissen, sondern im Herzen erkennen. Wir müssen sie verinnerlichen und uns immer wieder mit ihnen auseinandersetzen, bis sie nicht mehr bloß Informationen sind, sondern eine tiefe Erkenntnis in unserem Herzen.

Wir wollen uns vergegenwärtigen, wie herrlich, erstaunlich und jenseits aller Vorstellungskraft dieses Erbe ist, mit dem wir rechnen dürfen!

Schließlich betete Paulus noch, dass wir erkennen, wie übermächtig groß die Kraft ist, die in uns, die wir an ihn glauben, wirkt. Ganz gleich, wie groß unsere Not ist, uns steht eine Kraft zur Verfügung, die dieser Not mehr als gewachsen ist. Glanz gleich, wie schwach wir uns vielleicht fühlen oder wie groß eine bestimmte Versuchung ist, wir können eine Kraft anzapfen, mit der wir die Not bewältigen und die Versuchung bezwingen können.

Wenn uns diese Kraft also zur Verfügung steht, warum geraten wir dann so oft ins Stolpern und fallen auf die Nase? Es gibt unterschiedliche Gründe dafür: Wir sind noch nicht über diese Kraft unterrichtet worden; wir glauben nicht wirklich, dass sie uns zur Verfügung steht; wir bitten nicht um sie oder wir nehmen uns nicht die Zeit, sie von Gott zu empfangen.

Jetzt, in diesem Moment, steht uns Kraft zur Verfügung. Unser Leben muss nicht von Schwäche und Niederlage bestimmt sein.

So wie Paulus' Gebete viel über seine geistliche Reife, Prioritäten und Gottesbeziehung erkennen lassen, so lassen auch unsere Gebete erkennen, was uns wichtig ist und welchen Grad geistlicher Reife wir erreicht haben. Wir wollen Paulus' Gebete nicht lesen, ohne unsere eigenen Gebete zu hinterfragen. Sind unsere Gebete zu sehr auf Materialistisches ausgerichtet? Offenbaren sie, dass uns unser äußerlicher Komfort wichtiger ist als unsere geistliche Erkenntnis und Kraft? Wenn ja, dann können wir sofort etwas daran ändern, indem wir einfach anders beten.

Gebet muss nichts Kompliziertes sein. Jeder Christ kann richtig beten. Mehr noch, Gebet sollte so natürlich und einfach sein wie das Atmen. Ich kann nur empfehlen, immer und überall für alles zu beten. Ich pflege zu sagen: »Bete dich durch den Tag.« Gebet ist ein Gespräch mit Gott. Es kann ganz ungezwungen sein. Wir können mit Gott über alles reden, weil er sowieso schon alles weiß. Nichts ist vor ihm verborgen. Zum Beten gehört nicht nur das Reden, sondern auch das Zuhören. Wenn wir zuhören, dann spricht Gott zu unserem Herzen und zeigt uns die richtige Richtung.

Wenn Gott sowieso schon alles weiß, warum sollten wir dann überhaupt darüber reden? Weil es uns guttut, unsere Gedanken und Gefühle in Worte zu fassen. Durch den Austausch bauen wir Beziehung. Das gilt für die Beziehung zu Gott genauso wie für zwischenmenschliche Beziehungen. Ich kann unmöglich Freundschaften zu Menschen aufbauen, die nie etwas Persönliches oder Bedeutsames über sich mit mir teilen wollen.

## Zur persönlichen Vertiefung

Ist Gebet ein Lebensstil für dich oder eine geistliche Pflicht auf deiner täglichen To-do-Liste?

## Jesus steht über allem

*Epheser 1,21-23*

*Jetzt ist er als Herrscher eingesetzt über jede weltliche Regierung, Gewalt, Macht und jede Herrschaft und über alles andere, in dieser wie in der zukünftigen Welt. Gott hat alles der Herrschaft von Christus unterstellt und hat Christus als Herrn über die Gemeinde eingesetzt. Die Gemeinde aber ist sein Leib, und sie ist erfüllt von Christus, der alles ganz mit seiner Gegenwart erfüllt.*

Jesus steht über allem – weit über jeder weltlichen Macht oder Herrschaft. Epheser 1,22 zufolge hat Gott ihm alles zu Füßen gelegt. Das ist eine gute Nachricht. Er ist nämlich nicht nur das Haupt, sondern wir, die wir an ihn glauben, sind sein Leib. Praktisch gesehen bedeutet das, dass alles, was dem Haupt gehört, auch dem Rest des Leibes gehört. Der Körper erhält all seine Anweisungen vom Kopf. Bewege ich meine Hand, dann deshalb, weil mein Kopf meinem Arm und meiner Hand den entsprechenden Befehl gegeben hat. Laufe ich, dann deshalb, weil mein Kopf meine Füße angewiesen hat, sich in Bewegung zu setzen und Schritte zu gehen. Wie der Psalmist sagt: Wir sind herrlich und ausgezeichnet gemacht (siehe Psalm 139,14).

Wenn wir uns in allem, was wir tun, Jesus unterstellen und ihn als unser Haupt betrachten, haben wir auch Anteil an seiner Autorität und Macht.

Wir Christen sind sein Leib auf dieser Erde und als solcher bringen wir der Welt seine Fülle. Jeder von uns hat in Gottes großem Plan eine Aufgabe zu erfüllen. Wir haben Gaben und Fähigkeiten, und je mehr wir diese zum Wohl und Nutzen aller einsetzen, desto mehr kommt die Fülle von Jesus auf der Erde zur Geltung.

Wir sind seine persönlichen Botschafter und er benutzt uns, um seinen Appell durch uns an die Welt zu richten (siehe 2. Korinther 5,20). Das ist ein erstaunlicher Gedanke und es ist sowohl ein Vorrecht als auch eine große Verantwortung, die wir ernst nehmen sollten.

KAPITEL 3

# Vergangenheit, Gegenwart und Zukunft

## Wer wir waren, wer wir sind und wer wir sein werden

*Epheser 2,1-7*

*Auch ihr wart früher tot aufgrund eurer Sünden. Ihr habt genauso in der Sünde gelebt wie der Rest der Welt, beherrscht vom Satan, der im Machtbereich der Luft regiert. Er ist der Geist, der in den Herzen derer wirkt, die Gott nicht gehorchen wollen. Wir alle haben früher so gelebt und uns von den Leidenschaften und Begierden unserer alten Natur beherrschen lassen. Wir wurden mit dieser Natur geboren und waren Gottes Zorn ausgeliefert wie alle anderen Menschen auch. Doch Gott ist so barmherzig und liebte uns so sehr, dass er uns, die wir durch unsere Sünden tot waren, mit Christus neues Leben schenkte, als er ihn von den Toten auferweckte. Nur durch die Gnade Gottes seid ihr gerettet worden! Denn er hat uns zusammen mit Christus von den Toten auferweckt und wir gehören nun mit Jesus zu seinem himmlischen Reich. So wird er für alle Zeiten an uns seine Güte und den Reichtum seiner Gnade sichtbar machen, die sich in allem zeigt, was er durch Christus Jesus für uns getan hat.*

Heutzutage suchen eine Vielzahl von Menschen Orientierung bei Wahrsagern oder Hellsehern, in der Hoffnung, durch sie einen Blick in ihre Zukunft zu werfen oder Situationen aus der Vergangenheit oder der Gegenwart zu verstehen. Doch Gott rät uns in der Bibel davon ab, weil er möchte, dass wir Orientierung bei ihm suchen (siehe 3. Mose 19,26.31). Er hat alle Antworten, was unsere Vergangenheit, Gegenwart und Zukunft betrifft. Epheser 2 verdeutlicht das.

Bevor wir mit Jesus lebendig gemacht wurden, waren wir

aufgrund unserer Sünden geistlich tot und von Gott getrennt. Wir waren in unserem Fehlverhalten und der gesellschaftlichen Prägung gefangen. Dadurch folgten wir unwissentlich den Wegen des Teufels, dem bösen Geist, der in allen und durch alle wirkt, die sich nicht nach Gott richten. Durch sie bekämpft der Teufel Gottes Ziele und seinen Willen. Da wir Gott gegenüber – geistlich gesehen – tot waren, haben wir vielleicht gar nicht gemerkt, dass wir sündigten. Wir hatten keine Beziehung zu Gott und wurden nicht von seinem Geist geleitet. Erinnerst du dich noch an dein Leben, bevor du beschlossen hast, Jesus Christus nachzufolgen? Bestimmt war es ein unglückliches Dasein, ohne Frieden und Freude.

Doch Gott griff ein. Als wir noch gar nicht nach ihm fragten, kümmerte er sich schon um uns. Durch Jesus sorgte er dafür, dass wir vom Elend der Sünde befreit werden können und nicht mehr von ihm getrennt sein müssen. Jesus hat den Preis dafür bezahlt, dass du und ich geistlich lebendig sein können. Unsere Sünden sind vollständig vergeben. Wir haben ein neues Leben durch ihn. Jesus hat das alles getan, weil er uns liebt, und jetzt müssen wir nur noch glauben und ihm unser Leben überlassen. Die Epheser glaubten bereits. Durch Jesus hatten sie ihr Leben Gott gewidmet und Paulus erinnert sie daran, was für ein erstaunliches Vorrecht das ist.

Paulus beginnt Epheser 2,4 mit zwei kleinen Worten, die es in sich haben: »Doch Gott …« Das bedeutet, dass Gott in das Durcheinander eingriff, in dem sich die Menschheit befand. Durch seine Liebe hat er einen Ausweg aus unserer Zwangslage geschaffen. Die Formulierung »doch Gott« ist der Übergang von Hoffnungslosigkeit zur Hoffnung, vom völlig Negativen zum Positiven. Die Epheser waren früher tot in ihren Sünden gewesen. Doch Gott griff ein und weckte sie geistlich auf, sodass sie nun mit Jesus zu seinem himmlischen Reich gehörten. Dasselbe gilt heute für jeden, der glaubt.

In der Bibel ist mehrfach davon die Rede, was Gott »doch«, »aber« oder »dagegen« tut, und jedes Mal weisen diese Worte auf Gottes befreiende Kraft hin (siehe 1. Samuel 23,14; Psalm 49,16; Römer 5,8).

Beispielsweise hassten Josefs Brüder ihn und wollten ihm ein Ende bereiten. Doch Gott war mit ihm (siehe Apostelgeschichte 7,9). Bibelkenner wissen, dass Josef allen Widrigkeiten zum Trotz Erfolg hatte und ein sehr bedeutender Mann wurde. Es waren zwar viele gegen ihn, doch Gott war mit ihm.

Gott ist auch mit dir und deshalb kannst du jedes Hindernis überwinden, das sich dir in den Weg stellt.

Josefs Brüder wollten ihm Böses antun, aber Gott ließ daraus etwas Gutes entstehen, denn auf diese Weise wollte er das Leben vieler Menschen vor der Hungersnot retten, die über Ägypten kam (siehe 1. Mose 50,20). Seine Brüder verkauften ihn in die Sklaverei, doch dadurch gelangte er nach Ägypten, den Ort, an dem Gott ihn groß machen wollte.

Ein weiteres Beispiel sind die Worte, die wir im Johannesevangelium lesen, nämlich dass der Teufel nur rauben, morden und zerstören will. Jesus hingegen ist gekommen, um uns das Leben in ganzer Fülle zu schenken (siehe Johannes 10,10).

Der Teufel kann uns noch so häufig Schaden zufügen wollen, Gott hat immer einen Rettungsplan.

Als wir in unserer Sünde tot waren, hat Gott uns nicht nur auferweckt, sondern uns das gleiche Leben geschenkt, das auch Jesus hat. Nun gehören wir mit ihm zu seinem himmlischen Reich. In anderen Bibelübersetzungen heißt es, dass wir mit Jesus in himmlischen Regionen »sitzen«. Was genau ist damit gemeint? Wir sollten uns die Kraft dieser Wahrheit nicht entgehen lassen.

Als Jesus alles erreicht hatte, was ihm der Vater aufgetragen hatte, *setzte er sich auf den höchsten Ehrenplatz an Gottes rechter Seite. Dort wartet er, bis seine Feinde zu einem Schemel unter seinen Füßen erniedrigt werden* (Hebräer 10,12-13).

Mit anderen Worten: Jesus hat jetzt vollkommene Ruhe und vollkommenen Frieden. Wenn wir also zusammen mit ihm auf diesem Ehrenplatz sitzen, dann steht uns dieselbe Ruhe und derselbe Friede zur Verfügung. Wenn du dich das nächste Mal über etwas in deinem Leben aufregst, erinnere deine Gefühle daran, dass sie sich mit Jesus »hinsetzen« sollen. Du darfst darauf vertrauen, dass er tun kann, was du nicht tun kannst. Früher einmal musstest du dir Sorgen machen und Angst haben, aber jetzt, da du zusammen mit Jesus Platz genommen hast, kannst du in ihm ruhen.

## Zur persönlichen Vertiefung

Gibt es Situationen in deinem Leben, in denen du dich lieber mit Jesus »hinsetzen« und darauf warten solltest, dass Gott deine Feinde zu einem Schemel unter deinen Füßen macht – statt unruhig zu sein, dir Sorgen zu machen, Angst zu haben und die Sache in die eigenen Hände zu nehmen? Welche Situationen sind das?

Wie sieht es mit deiner Zukunft aus? Gott sagt auch unsere Zukunft voraus – und diese ist herrlich. Paulus schrieb, dass Gott uns »für alle Zeiten« (der griechische Ausdruck für die Ewigkeit) seine Güte und den Reichtum seiner Gnade erweisen wird. Wir sind Gottes Kinder und als solche gehören wir sozusagen zu den »Ausstellungsstücken«, durch die Gott seine Herrlichkeit zeigt. Wir haben seinen Geist als Garantie für das Gute, das wir in der Zukunft erwarten dürfen. Schon jetzt sind wir viel besser dran als früher, als wir noch in Sünde gefangen waren, doch das ist nur ein Vorgeschmack auf das, was kommt.

Als Johannes auf der Insel Patmos war und dort eine Vision des Himmels hatte, sah er Dinge, die er gar nicht beschreiben konnte, weil sie so prachtvoll waren. Uns auf diese Dinge zu freuen, kann uns in der gegenwärtigen Situation Hoffnung schenken, während wir auf die zukünftige Wiederkunft von Jesus warten.

KAPITEL 4

# Wir sind Gottes Schöpfung und haben Hoffnung durch Jesus

## Gottes Schöpfung

*Epheser 2,8-10*

> *Weil Gott so gnädig ist, hat er euch durch den Glauben gerettet. Und das ist nicht euer eigenes Verdienst; es ist ein Geschenk Gottes. Ihr werdet also nicht aufgrund eurer guten Taten gerettet, damit sich niemand etwas darauf einbilden kann. Denn wir sind Gottes Schöpfung. Er hat uns in Christus Jesus neu geschaffen, damit wir die guten Taten ausführen, die er für unser Leben vorbereitet hat.*

Diese Verse gehören zu den großartigsten und hoffungsvollsten Versen der Bibel. Wir müssen uns unsere Errettung nicht verdienen, denn sie ist ein Geschenk der Gnade Gottes. Wir können sie nur im Glauben empfangen. Jesus hat unsere Errettung erkauft und der Glaube an ihn ist die Hand, die sich ausstreckt, um sie zu empfangen.

Obwohl diese Verse so simpel sind, tun sich viele Christen schwer damit, sie uneingeschränkt zu glauben. Sie versuchen weiterhin, sich durch ihre guten Taten einen Weg zu Gott zu bahnen. Da das nicht dem Plan Gottes entspricht, ist dieser Weg immer ein Irrweg. Die Bibel sagt uns: Wer auf das Gesetz vertraut, um vor Gott gerecht zu werden, der »steht unter einem Fluch« (siehe Galater 3,10).

Es gab eine Zeit, in der auch ich auf eigene Faust vor Gott gerecht werden wollte, was wiederholt zu Enttäuschungen und extremer Frustration führte. Wir können nur durch den Glauben an Gottes Gnade errettet werden. Es gibt keinen anderen Weg. Es ist völlig sinnlos, sich etwas kaufen zu wollen, das gar nicht käuflich ist, sondern als Geschenk angeboten wird. Wir können uns unsere Errettung oder unsere Versöhnung mit Gott nicht durch gute Taten erkaufen – nicht, indem wir den Armen helfen, fleißig beten und die Bibel studieren oder uns beflissen an die Vorschriften halten, die ein bestimmter Christ oder eine Kirche hochhält.

Wir alle haben gesündigt und das Leben in der Herrlichkeit Gottes verloren (siehe Römer 3,23). Niemand kann sich die Lorbeeren für das einheimsen, was Gott getan hat. Unsere menschliche Natur ist stolz. Sie will sich etwas verdienen, prahlen, sich vergleichen und mit anderen wetteifern. Aber bei Gott bringt das überhaupt nichts. Wir müssen uns demütigen und ihm nichts weiter darreichen als Glauben an Jesus.

Paulus schrieb nicht: »Weil Gott so gnädig ist, rettet er euch jetzt.« Auch nicht: »Weil Gott so gnädig ist, wird er euch retten.« Nein, er schrieb, dass wir schon gerettet sind. Unsere Errettung ist eine abgeschlossene Sache. Das lässt keinen Raum für unser eigenes Verdienst, weil Gott es schon erledigt hat. Wenn ich meiner Tochter ein schönes Geschenk mache, dann ist es bereits bezahlt, und sie kann nicht auch noch dafür bezahlen. Wir können nicht für unsere Errettung bezahlen, weil Jesus bereits alles bezahlt hat. Aber wir können und sollten auf dieses Geschenk mit Liebe reagieren, mit einem tiefen Wunsch, ihm in allem, was wir tun, zu gefallen.

In Jesus hat Gott uns neu geschaffen, damit wir die guten Taten ausführen können, die Gott für unser Leben vorbereitet hat. Als wiedergeborene Kinder Gottes haben wir neue Wünsche und neue Ziele. Das mag paradox erscheinen, ist aber eigentlich ganz simpel: Wir können uns unsere Errettung oder Sündenvergebung nicht durch gute Taten verdienen und doch ist der christliche Glaube ohne gute Taten kein richtiger Glaube.

Dem wahren Glauben erwachsen auch gute Taten. Sie entspringen einem tiefen Herzenswunsch – nicht der Vorstellung, dass sie erfüllt werden müssen, um etwas bei Gott zu gewinnen. Wir können noch so viel Gutes tun, Gott ist uns dadurch zu nichts verpflichtet. Aber wir können auf seine große und eindrucksvolle Liebe reagieren und sein Geschenk der Errettung annehmen. Das tun wir unter anderem, indem wir aus freien

Stücken den Weg einschlagen, den er uns aufgezeichnet hat, und das Gute tun, das er schon vor Anbeginn der Zeit für uns geplant hatte.

## *Die Bedeutung von Motiven*

Die Motive, die hinter unserem Tun stehen, sind ganz wichtig. Das, was wir tun, ist nicht so wichtig wie der Grund, warum wir es tun. Bemühen wir uns täglich, Gott zu gefallen, weil wir uns dadurch etwas von ihm erhoffen oder weil wir ihm etwas geben wollen? Paulus sagte den Korinthern, dass alle guten Werke, die sie aus unreinen Motiven taten, am Tag des Gerichts verbrannt würden und der Lohn dahin sein würde (siehe 1. Korinther 3,13-15).

Ich erinnere mich, wie ich das als junge Christin las und welche Auswirkung der Gedanke auf mich hatte, dass ich meine Motive hinterfragen sollte. Dieses Prinzip hat mich im Laufe meines Lebens immer wieder davor bewahrt, aus Egoismus zu handeln und mich stattdessen vom Geist Gottes leiten zu lassen.

Es ist ein ernüchternder Gedanke, dass unsere guten Taten nutzlos sein können, wenn sie nicht aus reinen Beweggründen getan werden. Frag dich, ob dein Tun vom Willen Gottes bestimmt ist und seiner Ehre gilt oder ob du damit andere Menschen beeindrucken willst – oder, noch verheerender, ob du damit Gott beindrucken willst, um dir bei ihm etwas zu verdienen.

Hier sind einige Fragen zum Nachdenken:

- Verbringst du Zeit mit Gott, weil du dich dazu verpflichtet fühlst oder weil du mit ihm zusammen sein willst?
- Liest und studierst du die Bibel, weil das von dir erwartet wird oder weil du Gottes Wort aufrichtig liebst und erfahren willst, was sein Wille in jeder Situation ist?

- Betest du, weil dir klar ist, dass du ohne Gott nichts tun kannst, und weil es ein Vorrecht ist oder um eine Pflicht zu erfüllen?
- Engagierst du dich und tust du Gutes, weil du Menschen wirklich helfen und Gott dienen willst oder weil Gott dir dann deiner Meinung nach etwas schuldig ist?

Es ist nicht unbedingt leicht, diese Fragen ehrlich zu beantworten, aber kaum etwas ist wichtiger und befreiender. Mit dir selbst schonungslos ehrlich zu sein, gehört zu den wertvollsten Dingen, die du tun kannst, denn nur die Wahrheit macht dich frei (siehe Johannes 8,32).

## Zur persönlichen Vertiefung

Denk einmal darüber nach oder sprich mit einer Person darüber, womit du die meiste Zeit verbringst. Dann frag dich, warum du diese Dinge tust. Bist du bereit, alles zu streichen, was du aus unreinen Motiven tust? Dann ist dein Terminkalender plötzlich vielleicht gar nicht mehr so überfüllt und stressig.

# Wir haben Hoffnung

*Epheser 2,11-12*

*Vergesst nicht, dass ihr, die ihr keine Juden seid, aufgrund eurer Herkunft Außenstehende wart. »Unbeschnittene« nannten euch die Juden, die das äußere Zeichen der Beschneidung tragen. Damals lebtet ihr getrennt von Christus. Ihr wart vom Volk Gottes, Israel, ausgeschlossen und wusstet nichts von den Zusagen, die er ihm gegeben hatte. Euer Leben in dieser Welt war ohne Gott und ohne Hoffnung.*

Paulus erinnert die Christen in Ephesus an den schrecklichen Zustand, in dem sie sich geistlich befanden, bevor sie von Gottes Gnade gerettet wurden. Obwohl er das Thema bereits gründlich behandelt hat, spricht er es erneut an. Er erinnert sie an die folgenden Tatsachen:

- Sie waren getrennt von Gott.
- Sie waren aufgrund ihrer Herkunft Außenstehende.
- Sie wurden zurückgewiesen und kritisiert.
- Sie wussten nichts von den Zusagen Gottes und hatten keinen Anteil an ihnen.
- Sie lebten in dieser Welt ohne jede Hoffnung und ohne Gott.

Was für die Epheser galt, das gilt auch für uns. Wir sollten uns daran erinnern, in was für einem schrecklichen und hoffnungslosen Zustand wir uns befanden und dass sich viele auch heute noch darin befinden. Doch Gott sei Dank wurden wir in eine lebendige Hoffnung hineingeboren und haben nun durch die Gnade Gottes Freude und Frieden.

## Nun sind wir Gott nahe

*Epheser 2,13-16*

*Aber nun gehört ihr Christus Jesus. Ihr wart fern von Gott, doch nun seid ihr ihm nahe durch das Blut seines Sohnes. Denn Christus selbst brachte Frieden zwischen den Juden und den Menschen aus allen anderen Völkern, indem er uns zu einem einzigen Volk vereinte. Er hat die Mauer der Feindschaft, die uns früher trennte, niedergerissen. Durch seinen Tod hat er dem Gesetz mit seinen Geboten und Verordnungen ein Ende bereitet und dadurch Frieden gestiftet, indem er beide in sich zu einem einzigen neuen Menschen schuf. Er hat sie in einem Leib vereint und durch das Kreuz mit Gott versöhnt, sodass die Feindschaft ein Ende fand.*

Nun sind wir Gott nahe. Früher waren wir aufgrund unserer Sünde weit von Gott entfernt, doch jetzt hat das Blut von Jesus uns ihm nahe gebracht. Wir können eine persönliche und innige Beziehung zu Gott haben. Uns wurde Frieden mit ihm angeboten.

Die Christen in Ephesus waren Nichtjuden. Unter den Juden, die die Beschneidung praktizierten, galten sie als »Unbeschnittene«. Gott hatte einen Bund mit den Israeliten (Juden) geschlossen und die Beschneidung war ein äußeres Zeichen dafür, dass sie sich verpflichtet hatten, sich nach seinen Gesetzen, Geboten und Verordnungen zu richten. Jeder, der sich außerhalb dieses Bundes mit Gott befand, galt als Heide und wurde ein »Unbeschnittener« genannt. Diese Einstellung gegenüber unbeschnittenen Menschen war nicht gut. Manche Juden fühlten sich dem Rest der Menschheit überlegen. Sie hatten sich nicht nur in ihrem Stolz festgefahren, sondern ihr Stolz trennte sie auch von anderen Menschen und veranlasste sie, die

Vorstellung abzulehnen, dass durch ihr Vorbild und ihre Liebe andere gewonnen und in den Bund mit Gott einbezogen werden könnten.

Nachdem Jesus durch sein vorbildliches Leben und seinen Opfertod am Kreuz alle Forderungen des Gesetzes erfüllt hatte, etablierte Gott einen neuen Bund, den Bund der Gnade. Nun war die Beschneidung nicht mehr nötig. Doch einige jüdische Gläubige sagten den nicht jüdischen Bekehrten, dass sie sich weiterhin beschneiden lassen mussten, wenn sie wahre Christen sein wollten.

Paulus betonte, dass wir ganz aus Gnade und nicht durch unsere Taten gerettet werden. Doch einige der jüdischen Gläubigen waren so lange so stolz auf ihre Taten gewesen, dass sie diese neue Lehre nicht annehmen konnten. Sie hatten jahrhundertelang eine Trennmauer zwischen sich und den Menschen aus anderen Völkern und Kulturen aufgebaut. Wie wir noch sehen werden, hat Jesus diese Mauer der Feindschaft niedergerissen, indem er das Gesetz für uns erfüllte.

In unserer Welt herrschen viel Uneinigkeit, Streit und Feindseligkeit – zwischen ethnischen Gruppen, zwischen Nationen, zwischen Religionen und christlichen Konfessionen, zwischen den Reichen und den Armen, den Gebildeten und Ungebildeten, Männern und Frauen. Denk einmal kurz darüber nach, wie viel Aufruhr es ständig in der Welt gibt, weil der Stolz von Menschen Uneinigkeit verursacht.

## Zur persönlichen Vertiefung

Ich möchte dich eindringlich bitten, dein Herz zu überprüfen. Bitte Gott, dir zu zeigen, ob du aufgrund von Stolz eine Trennmauer zwischen dir und anderen Menschen errichtet hast.

Der Teufel liebt Spaltung und Uneinigkeit, weil er weiß, dass sie uns schwächt und wir dann nicht viel bewirken können. Gott hingegen liebt Einheit. Er lehrt uns, dass seine Salbung (seine Kraft und Gegenwart) und sein Segen dort sind, wo Einheit herrscht (siehe Psalm 133). Als Jesus seine Jünger paarweise aussandte, um den Menschen zu dienen, forderte er sie auf, nur dortzubleiben, wo sie Frieden vorfanden (siehe Lukas 10,1-12). Wenn wir keinen Frieden haben, dann haben wir auch keine Kraft.

Jesus hinterließ uns seinen Frieden und er brachte zum Ausdruck, wie wichtig es ist, auch daran festzuhalten (siehe Johannes 14,27). Streit lässt sich immer auf Stolz zurückführen (siehe Sprüche 13,10). Stolz – insbesondere geistlicher Stolz – war ein großes Problem unter den Juden und er ist es auch heute noch. Wir brauchen uns allerdings nicht mit diesem Problem herumzuschlagen. Wir sollten uns vielmehr daran erinnern, dass Jesus unser Friede ist. Er hat die trennenden Mauern niedergerissen, indem er uns hat wissen lassen, dass unser Wert nicht davon abhängt, was wir tun oder jemals tun werden. Wir sind »in ihm« – und das macht uns wertvoll.

Die Juden mussten erkennen, dass sie das Gesetz nicht perfekt einhalten konnten, ganz gleich, wie sehr sie es versuchten. Sie brauchten Jesus genauso wie alle anderen. Die Heiden mussten erkennen, dass ihnen – obwohl sie nicht Teil des Alten Bundes mit seinen Gesetzen und Geboten gewesen waren – nun ein neuer Bund der Erlösung aus Gnade durch den Glauben an Jesus Christus angeboten wurde.

## Die Botschaft von Jesus ist für alle

*Epheser 2,17-22*

*Er ist gekommen und brachte die Botschaft des Friedens euch, die ihr fern von ihm wart, und den Juden, die ihm nahe waren. Durch das, was Christus für uns getan hat, können wir jetzt alle, ob wir Juden sind oder nicht, in einem Geist zum Vater kommen. Deshalb seid ihr nicht länger Fremde und ohne Bürgerrecht, sondern ihr gehört zu den Gläubigen, zu Gottes Familie. Wir sind sein Haus, das auf dem Fundament der Apostel und Propheten erbaut ist mit Christus Jesus selbst als Eckstein. Dieser Eckstein fügt den ganzen Bau zu einem heiligen Tempel für den Herrn zusammen. Durch Christus, den Eckstein, werdet auch ihr eingefügt und zu einer Wohnung, in der Gott durch seinen Geist lebt.*

Die Botschaft des Friedens, die Jesus verkündet hat, ist für Juden und Nichtjuden gleichermaßen bestimmt. Jesus ist gekommen, um die Feindschaft zwischen ihnen zu beenden. Durch ihn haben beide Zugang zum Vater im Himmel. Diejenigen, die vorher Außenstehende waren, dürfen jetzt mit Gott unter einem Dach wohnen.

Bist du dir schon einmal wie ein Außenseiter vorgekommen, so, als würdest du nicht dazugehören oder wärest nicht willkommen? Die meisten von uns haben sich irgendwann schon einmal so gefühlt und genau dieses Gefühl will der Teufel uns vermitteln. Er will uns dazu bringen, uns entweder unterlegen oder überlegen zu fühlen. Ihm ist es egal, ob wir das eine oder das andere empfinden, solange es Uneinigkeit stiftet. Doch in Jesus ist niemand unterlegen oder überlegen; wir sind alle in ihm vereint. Paulus lehrte, dass es nun nicht mehr Juden oder Nichtjuden, Sklaven oder Freie, Männer oder Frauen gibt. Wir sind alle gleich. Wir sind alle eins in Jesus Christus (siehe Galater 3,28).

Unsere Zuversicht und Sicherheit sind einzig und allein in Jesus. Sie sind nicht in unserer Leistung zu finden oder in den sogenannten Vorteilen, die wir zu haben meinen. Paulus sagte, dass er – verglichen mit dem unschätzbaren Gewinn, Jesus Christus zu kennen und mit ihm eins zu werden – all die Vorteile, die er als Jude hatte, als »Dreck« betrachtete (siehe Philipper 3,8-10).

KAPITEL 5

# Der Preis, das Geheimnis und die Kraft des Evangeliums

# Für die Botschaft Gottes leiden

*Epheser 3,1*

*Ich, Paulus, bin im Gefängnis, ein Gefangener für Jesus Christus, weil ich euch, die ihr anderen Völkern angehört, die Botschaft Gottes verkündet habe.*

Paulus saß im Gefängnis, als er diesen Brief an die Epheser und die anderen Gemeinden schrieb, an die der Brief weitergeleitet wurde. Aber ist es dir aufgefallen? Er nennt sich selbst einen Gefangenen »für Jesus Christus«. Er wollte damit nicht sagen, dass Jesus ihn ins Gefängnis gesteckt hatte, sondern dass er dort war, weil er die Frohe Botschaft von Jesus verkündet hatte. Er war bereit, im Gefängnis zu bleiben, wenn dadurch noch mehr Menschen zum Glauben an Jesus finden würden.

Vielleicht sollten wir uns gelegentlich fragen, wie viele Unannehmlichkeiten wir auf uns nehmen, um das Evangelium – die gute Nachricht von Jesus – zu verbreiten. Als Gott mir den Auftrag gab, die Bibel zu lehren, stieß ich in meinem Freundeskreis, in meiner Kirche und meiner Familie auf Ablehnung. Ich musste mich mit vielen Missverständnissen herumplagen. Dabei wollte ich doch bloß Gott nachfolgen und Menschen helfen.

Das Richtige zu tun, führt leider nicht immer sofort zu positiven Reaktionen bei Menschen in unserem Umfeld. Viele haben die gleiche Art von Ablehnung erlebt, die ich erlebt habe, oder sie haben Arbeitsplätze verloren oder wurden aufgrund ihrer mutigen Hingabe an Jesus auf andere Weise benachteiligt. Obwohl Ablehnung schmerzlich ist, können wir gerade dadurch eine besondere Nähe zu Jesus erleben, denn auch er hat ja gelitten (siehe Philipper 3,10) – und das rüstet uns aus, seine Botschaft der Errettung weiterzuverbreiten. Wir sind seine Mitarbeiter. Das heißt, wir haben das Vorrecht, den Auftrag weiter auszuführen, den er seinen Jüngern gegeben hat.

In unserer westlichen Kultur tun wir uns schwer mit Unannehmlichkeiten. Unsere Sucht nach Bequemlichkeit führt dazu, dass wir mitunter Entzugserscheinungen haben, wenn wir einmal ohne diese Dinge auskommen müssen. Petrus wies darauf hin, dass Jesus körperlich gelitten hat und wir uns seine Haltung zum Vorbild nehmen und ebenfalls zu leiden bereit sein sollten: *Denn wenn ihr bereit seid, für Christus zu leiden, habt ihr euch gegen die Sünde entschieden* (1. Petrus 4,1).

Heute leiden viele Christen auf der ganzen Welt aufgrund ihres Glaubens und manche werden sogar getötet. Vielleicht wird von dir oder mir nie gefordert, buchstäblich unser Leben hinzugeben, aber wir sollten zumindest Kritik, Ablehnung oder Missverständnisse ertragen können, sollte das von uns gefordert sein.

Wir wollen uns darauf konzentrieren, Gott zu gefallen, nicht Menschen. Paulus meinte: Wollte er noch Menschen gefallen, würde er nicht länger Jesus dienen (siehe Galater 1,10). Ich möchte dich auffordern, Stellung für deinen Glauben an Jesus Christus zu beziehen. Sei bereit, dafür alles zu verlieren. Gehe mit der Welt und ihren Wegen keine falschen Kompromisse ein und sei nicht lauwarm, sondern halte dich fest an den Weg, den Jesus dir weist.

## Zur persönlichen Vertiefung

Geht es dir darum, Menschen zu gefallen oder Gott zu gefallen? Wenn du dich mehr danach richten willst, Gott zu gefallen, wie kannst du das erreichen?

## Das Geheimnis

*Epheser 3,2-6*

> *Ihr habt ja gehört, dass Gott mir die besondere Aufgabe anvertraut hat, euch von seiner Gnade zu erzählen. Und wie ich in diesem Brief bereits erwähnte, hat Gott selbst mir seinen verborgenen Plan offenbart. Wenn ihr lest, was ich geschrieben habe, werdet ihr verstehen, was ich über das Geheimnis des Christus weiß. Früheren Generationen hat Gott es nicht offenbart, doch nun hat er es seinen heiligen Aposteln und Propheten durch seinen Geist zu erkennen gegeben: Auch die anderen Völker sollen durch Christus das Reich Gottes erben, zu seiner Gemeinde gehören und die Zusagen Gottes in Anspruch nehmen, wie es die gute Botschaft sagt.*

Dass die Nichtjuden an der geistlichen Erbschaft der Juden teilhaben dürfen, war lange ein Geheimnis. Es war ein Kulturschock für Juden und Heiden gleichermaßen – mehr, als wir uns heute vorstellen können. Die Juden hatten sich jahrhundertelang bemüht, die Gebote Gottes zu befolgen, und nun sollten Nichtjuden, die in dieser Hinsicht keinen Finger gerührt hatten, mit einem Mal die gleichen Vorzüge erhalten wie Juden?

Ein Beispiel, das uns hilft, diese Situation eventuell besser nachvollziehen zu können, ist die Einstellung des ältesten Kindes zum jüngsten Kind in einer Familie, die finanziell zu kämpfen hatte. Das älteste Kind musste hart arbeiten, Opfer bringen und ohne vieles auskommen, weil die Eltern anfangs wenig Geld hatten. Das jüngste Kind hingegen wurde zu einer Zeit geboren, in der die Eltern mehr Geld hatten und das Leben viel leichter war. So etwas erzeugt häufig Geschwisterrivalität und Groll.

Die Juden hatten hart für das gearbeitet, was den Nichtjuden einfach so geschenkt wurde. Dabei übersahen sie, dass ihre harte Arbeit nichts an einer unumstößlichen Tatsache änderte, nämlich: Alle Menschen haben gesündigt und das Leben in der Herrlichkeit Gottes verloren und alle Menschen müssen durch den Glauben an Jesus Christus von ihrer Schuld befreit werden (siehe Römer 3,23-24).

Gott gab das Gesetz nur, um den Juden zu zeigen, dass sie es nicht halten konnten – dass sie aus eigener Anstrengung nie mit Gott versöhnt werden konnten, sondern einen Retter brauchten. Sie brauchten den Messias, der ihnen angekündigt worden war (siehe Galater 3,19). Ihr Fehler war: Sie hielten sich nicht vor Augen, dass sie genauso schuldig waren wie die Nichtjuden, denn wer durch das Gesetz mit Gott im Reinen sein will, der muss jede einzelne Vorschrift einhalten und darf sich nicht einmal den kleinsten Fehler erlauben. Das war natürlich unmöglich (siehe Jakobus 2,10). In Wirklichkeit sind wir alle gleich, weil wir alle Jesus brauchen. Ohne ihn können wir unmöglich mit Gott im Reinen sein.

# Ohne Jesus geht nichts

*Epheser 3,7-10*

*Gott hat mich zum Diener dieser Botschaft gemacht, indem er mir mit seiner großen Kraft die Gnade dazu geschenkt hat. Obwohl ich der Geringste unter denen bin, die zu Christus gehören, hat Gott mich ausgesucht, um den anderen Völkern von dem großen Reichtum zu erzählen, der ihnen in Christus offen steht. Ich wurde berufen, allen den Willen Gottes zu erklären, den er, der Schöpfer aller Dinge, von Anfang an verborgen gehalten hatte. Gottes Absicht war es, dass Mächte und Gewalten im Himmel durch seine Gemeinde den Reichtum seiner Weisheit erkennen.*

Paulus betont, dass er allein durch Gottes Gnade zum »Diener dieser Botschaft« wurde. Gottes Kraft befähigte ihn, den Auftrag Gottes zu erfüllen. Er sagt demütig, dass er der geringste unter allen Christen ist. Dadurch macht er deutlich, dass er sich nicht für etwas Besseres hält als andere, nur weil Gott ihm besondere Einsichten geschenkt hat.

Es ist wichtig, dass wir uns nie für etwas Besseres halten als andere. Sonst machen wir uns der Überheblichkeit schuldig. Gott gefällt es nicht, wenn wir andere gering schätzen. Paulus warnt in seinen Briefen öfter vor Selbstüberschätzung und er erinnert uns daran, dass unsere Fähigkeiten von Gott stammen (siehe Römer 12,3).

## Zur persönlichen Vertiefung

Ist dir bewusst, dass deine Gaben, Talente und Fähigkeiten Geschenke Gottes sind und keine Überlegenheitsgefühle gegenüber anderen rechtfertigen?

„Ja“

Wir alle haben Gaben von Gott empfangen, doch sie sind nicht alle gleich. Jede einzelne ist wertvoll und als Christen sollten wir sie miteinander teilen, indem wir zusammenarbeiten und gemeinsam den Willen Gottes auf der Erde voranbringen. Gottes Wunsch ist es, dass alle Menschen in ihm vereint sind und die Bestimmung erfüllen, für die er sie geschaffen hat.

Gott möchte, dass wir das Geheimnis der Vereinigung zwischen Juden und Nichtjuden sowie aller anderen Menschen verstehen. Jesus sagte, dass wir in ihm eins sind. Es sollte keine Trennung mehr zwischen Juden und Nichtjuden, Sklaven und Freien, Männern und Frauen geben, denn in Jesus Christus sind alle eins (siehe Galater 3,28).

Es war nicht nur so, dass Juden sich den anderen Völkern und Nationen überlegen fühlten, sondern auch, dass Männer sich für etwas Besseres hielten als Frauen. Frauen hatten damals nur wenige Möglichkeiten und erhielten selten eine Bildung. Männer konnten problemlos eine Scheidung einreichen, aber für Frauen war das unmöglich und Frauen hatten kein Eigentumsrecht. Obwohl es auch Beispiele von Frauen in verantwortlichen Positionen gab, war dies äußerst selten. Nun erklärt Jesus wieder neu, was Gott zu Beginn der Zeit gesagt hat, nämlich dass Männer und Frauen als Gleichgestellte erschaffen wurden, wenn auch mit unterschiedlichen Rollen. Jesus hat all die Mauern niedergerissen, die verschiedene Klassen und Gruppierungen voneinander trennen. Wo es noch Mauern gibt, da haben wir sie selbst errichtet. Nur wir können sie niederreißen, indem wir uns von Liebe prägen lassen, statt durch eine kritische, verurteilende Haltung weiter für Uneinigkeit zu sorgen.

Manchmal wird die Geschichte des Christentums so dargestellt, als wäre Gottes Botschaft nur an die Nichtjuden herangetragen worden, weil die Juden sie nicht annehmen wollten. Doch das ist falsch. Paulus erinnert uns daran, dass die Errettung der Nichtjuden kein nachträglicher Einfall Gottes war. Alle Menschen in seiner großen Liebe zusammenzubringen, war schon immer sein Plan.

# Ohne Furcht zu Gott kommen

## *Epheser 3,11-12*

*Das war sein unabänderlicher Plan, und nun wurde er durch Christus Jesus, unseren Herrn, erfüllt. Durch Christus und unseren Glauben an ihn können wir nun ohne Furcht und voller Zuversicht zu Gott kommen.*

Alles, was Paulus bis jetzt geschrieben hat, gipfelt in diesen Versen, die zu den wichtigsten Versen in der Bibel gehören. Sie sind deshalb von besonderer Bedeutung, weil Gott im Alten Testament als unnahbar galt. Die Israeliten beteten in einem von Menschen gebauten Tempel an, der in drei Bereiche aufgeteilt war. Gottes Gegenwart wohnte im innersten Heiligtum, dem Allerheiligsten. Nur der Hohepriester durfte ins Allerheiligste, und das auch nur einmal im Jahr, um Sühne für seine eigenen Sünden und die Sünden des Volkes zu erwirken. Paulus hingegen spricht von Gott als unserem Vater. Durch den Glauben an Jesus dürfen wir jetzt ohne Furcht und voller Zuversicht zu Gott kommen. Wir haben freien, uneingeschränkten Zugang zu ihm.

Dieser Zugang zu Gott steht im Mittelpunkt des christlichen Glaubens. Wir können uns jederzeit an ihn wenden und über alles mit ihm reden. Wir werden niemals von ihm zurückgewiesen. Bestimmt war diese Vorstellung schockierend für die Juden, weil sie diese Art von Intimität mit Gott nicht kannten. Auch wir mögen uns mit dem Gedanken schwertun. Solange wir von der Aussage in Vers 12 nicht wirklich überzeugt sind, können wir auch nicht alles empfangen, was Gott für uns bereithält, weil wir uns scheuen, mit jedem Anliegen unerschrocken zu ihm zu kommen. Gott ist an allem, was uns betrifft, interessiert.

Wir haben das große Vorrecht, enge Gemeinschaft mit Gott

haben zu können. Er möchte an allen Aspekten unseres Lebens beteiligt sein, nicht nur an den »geistlichen«. Wir dürfen uns ihm jederzeit nähern – mit Ehrfurcht und Respekt, ja, aber auch mit dem Verständnis, dass er unser Vater und Freund ist.

## Zur persönlichen Vertiefung

Wenn du dich im Gebet an Gott wendest, kommst du dann ohne Furcht und voller Zuversicht zu ihm oder bist du verlegen und fragst dich, ob Gott deine Gebete erhören wird?

KAPITEL 6

# Mut, Stabilität und Liebe

# Nicht den Mut verlieren

*Epheser 3,13*

*Deshalb verliert nicht den Mut wegen meiner Gefangenschaft. Dass ich euretwegen leide, ist für euch eine Ehre.*

Obwohl Paulus im Gefängnis leiden musste, weil er das Evangelium verkündet hatte, wollte er nicht, dass andere Christen deswegen Angst bekamen oder den Mut verloren. Paulus hatte keine Einwände gegen sein Leid, solange anderen dadurch geholfen wurde. Er wollte, dass andere durch seine Schwierigkeiten gestärkt statt geschwächt würden. Wenn wir sehen, wie jemand Schwierigkeiten meistert, kann uns das anspornen, auch unsere Situation zu meistern. Genau das wünschte sich Paulus für die Christen in Ephesus.

Paulus empfand eine tiefe Liebe für die Menschen, die Gott unter seine Fürsorge gestellt hatte, und er war bereit, auch persönliche Opfer auf sich zu nehmen, um ihnen zu helfen. Vor allem wollte er Gottes Bestimmung für sein Leben erfüllen.

Wir alle müssen bisweilen um des Evangeliums willen Schwierigkeiten in Kauf nehmen. Dabei muss es sich nicht um eine Gefangenschaft handeln, wie bei Paulus – obwohl Christen das in manchen Teilen der Welt auch heute noch erleben –, doch ganz gleich, was es im Einzelnen ist, wir sollten es als Ehre betrachten. Wir dürfen glauben, dass Gott die Situation zum Guten benutzt, sowohl für uns als auch für sein Reich.

Christen stoßen aufgrund ihres Glaubens oft auf Ablehnung oder sind irgendeiner anderen Form von Verfolgung ausgesetzt. Das ist zwar schmerzhaft, aber wir können uns ein Beispiel an Paulus' Leiden nehmen und uns ermutigen lassen, unerschrocken weiterzumachen.

Paulus fährt in den nachfolgenden Versen mit einem weiteren seiner großen Gebete für die Christen fort. Offensichtlich findet er solche Gebete sehr wertvoll, denn er äußert sie häufig. Mich interessiert allerdings nicht in erster Linie die Häufigkeit seiner Gebete, sondern wie er betet und was er von Gott für seine Leser erbittet. Die Gebete von Paulus können uns als Vorbild dienen, wenn wir für andere beten – oder für uns selbst. Es kann vorkommen, dass wir für jemanden beten möchten, aber nicht genau wissen, wie. In dem Fall können uns die Gebete im Epheserbrief eine gute Orientierung bieten.

# Stärke und Stabilität

## *Epheser 3,14-16*

*Ich kann nur meine Knie beugen vor Gott, dem Vater, dem Vater von allem, was im Himmel und auf der Erde ist. Ich bete, dass er euch aus seinem großen Reichtum die Kraft gibt, durch seinen Geist innerlich stark zu werden.*

Paulus beginnt sein Gebet mit der Bitte um Kraft – etwas, um das die meisten von uns häufig bitten. Wir brauchen Kraft in vielen Lebensbereichen. Doch die Art von Kraft, um die Paulus bat, ist definitiv die wichtigste: innere Stärke. Unser Inneres – das sind unsere Gedanken, unsere Gefühle, unser Wille und unser Gewissen. Innere Stärke trägt uns durch die Schwierigkeiten und Herausforderungen des Lebens und ermöglicht uns, dabei sogar noch Freude zu haben.

Wir beten oft um körperliche Kraft, wenn wir mit einem bestimmten Vorhaben weitermachen wollen, aber müde und erschöpft sind. Das ist auch gut und richtig, aber die innere Stärke ist noch entscheidender. Wer innerlich stark ist, der hält auch dann durch, wenn er äußerlich auf viele Schwierigkeiten stößt.

Christen sollten ein Vorbild für eine gute Lebensweise sein. Etwas, das andere unbedingt in uns sehen müssen, ist Stabilität. Solange unsere Laune und unser Engagement je nach Umständen ständig schwankt kann Gott uns nicht benutzen, um Menschen zu sich zu ziehen. Stabilität ist in unserer Gesellschaft Mangelware. Umso reichlicher sollte sie bei uns Christen vorhanden sein. Diese Stabilität kommt durch innere Stärke, nicht durch körperliche Kraft. Ich kann noch so oft ins Fitnessstudio gehen und Gewichte stemmen, um meine Muskeln aufzubauen, doch das verleiht mir keine emotionale Stabilität, um schwere Lebenssituationen zu bewältigen.

Machst du gerade etwas Schweres durch? Oder kennst du jemanden, der etwas Schweres durchmacht? Ganz gleich, was es ist – etwas Gesundheitliches, Geistiges, Emotionales, Finanzielles, Zwischenmenschliches oder etwas anderes –, am besten kannst du dafür so beten, wie Paulus es in diesem vorbildlichen Gebet tut. Bete für innere Stärke. Bete, dass du oder die betreffende Person aus dem Reichtum der Kraft Gottes schöpfen kann(st). Bete, dass Gottes Kraft dein (oder ihr) Innerstes erfüllt.

Zu unserem Innern gehört auch unsere Persönlichkeit. Durch unsere Persönlichkeit drücken wir uns ganz individuell aus. Unsere Gedanken und Einstellungen finden Ausdruck durch unsere Persönlichkeit und diese Persönlichkeit kann vom Geist Gottes erfüllt werden. Klingt das nicht gut?

Stell dir einmal vor, wie viel besser unsere Beziehungen wären, wenn wir alle vom Geist erfüllte Persönlichkeiten hätten. Das würde bedeuten, dass man Gott und sein Wesen täglich durch die Art und Weise, wie wir mit anderen umgehen, wahrnehmen könnte. Paulus' Gebet ist also ganz wichtig. Er war fraglos vom Geist geleitet, als er es aufschrieb.

Ich frage mich, wie ich wohl für die Epheser gebetet hätte. Vermutlich hätte ich um Bewahrung vor Schwierigkeiten und Befreiung von Nöten gebetet. Doch Paulus konzentrierte sich auf etwas viel Besseres und viel Wertvolleres. Warum sollten wir dafür beten, dass jede kleine Hürde aus dem Weg geräumt wird? Wäre es nicht besser zu beten, dass wir innerlich stark genug sind, die Hürden problemlos zu meistern? Dann könnten wir weiterhin Frieden und Freude haben, während wir im Umgang mit anderen Menschen Liebe walten lassen.

Ich bete oft um innere Stärke, manchmal sogar mehrfach täglich, denn ich weiß: Ich habe einen Feind, den Teufel, der mich zu Fall bringen will. Um ihn zu besiegen, brauche ich viel Kraft in meinem Innern. Deshalb gehört innere Stärke zu dem Wichtigsten, wofür ich als Christ beten kann.

## Zur persönlichen Vertiefung

Betest du regelmäßig für innere Stärke?

## Fest in der Liebe verwurzelt

*Epheser 3,16-21*

> *Ich bete, dass er euch aus seinem großen Reichtum die Kraft gibt, durch seinen Geist innerlich stark zu werden. Und ich bete, dass Christus durch den Glauben immer mehr in euren Herzen wohnt und ihr in der Liebe Gottes fest verwurzelt und gegründet seid. So könnt ihr mit allen Gläubigen ihr ganzes Ausmaß erfassen, die Breite, Länge, Höhe und Tiefe. Und ihr könnt auch die Liebe erkennen, die Christus zu uns hat; eine Liebe, die größer ist, als ihr je begreifen werdet. Dadurch wird euch der Reichtum Gottes immer mehr erfüllen. Durch die mächtige Kraft, die in uns wirkt, kann Gott unendlich viel mehr tun, als wir je bitten oder auch nur hoffen würden. Ihm gehört alle Ehre in der Gemeinde und durch Christus Jesus für alle Zeit und Ewigkeit. Amen.*

Jesus möchte durch den Glauben in unserem Herzen wohnen und dort den Ehrenplatz einnehmen. Wir mögen nicht immer spüren, dass Jesus in uns lebt, aber es ist wichtig, dass wir das im Glauben wissen. Ich erinnere mich bewusst an die Zusagen Gottes in der Bibel und sage mir oft: »Gott ist jetzt gerade bei mir.« Ich sage das besonders in Zeiten, in denen ich mich allein oder müde fühle.

Gott ist Liebe. Das heißt, dass seine Liebe immer in uns ist, genauso wie seine Gegenwart und Kraft. Jesus sagte, dass wir in seiner Liebe bleiben sollen (siehe Johannes 15,9). Wir können in ihr leben und uns von ihr prägen lassen.

Wir können Gottes Liebe ganz tief und persönlich erfahren und wir können in ihr verwurzelt sein. Dadurch gewinnen wir Festigkeit, so wie ein Baum mit tiefen Wurzeln selbst in Stürmen stabil und stark bleibt. Je tiefer die Wurzeln, desto schwerer lässt sich der Baum entwurzeln und zerstören. Einer der besten Wege, um in Gottes Liebe verwurzelt zu werden, ist, sie zu verinnerlichen – das heißt, häufig über sie nachzudenken – und im Alltag nach Zeichen der Liebe Ausschau zu halten. Wir können uns die Liebe Gottes zu allen Zeiten bewusst machen.

In seinem Brief an die Römer ermutigte Paulus sie, sich durch nichts von der Liebe Gottes, die in Jesus Christus zu finden ist, trennen zu lassen: nicht durch Kummer oder Verzweiflung oder Verfolgung oder Hungersnot oder sonst irgendetwas (siehe Römer 8,35-39).

Probleme müssen uns nicht von Gott wegbringen, sondern können unsere Beziehung zu ihm vertiefen. Er ist nicht die Ursache unserer Probleme; er ist die Lösung. Die Bibel garantiert uns kein Leben ohne Schwierigkeiten oder Enttäuschungen, aber sie sichert uns Gottes Liebe zu und garantiert uns, dass wir nie allein sein werden. Unser schlimmster Tag mit Jesus ist immer noch besser als unser bester Tag ohne ihn.

Der Apostel Paulus möchte nicht, dass wir nur über Gottes Liebe Bescheid wissen. Er möchte, dass wir sie persönlich erfahren. Probieren geht über Studieren. Gottes Liebe zu schmecken – das macht uns mutig im Gebet. Und durch die Gebetserhörungen, die wir dann erleben, werden wir immer vertrauter mit der großen und endlosen Liebe Gottes. Es gibt keinen Moment in unserem Leben, in dem Gott uns nicht liebt. Er zeigt uns seine Liebe auf vielerlei Weise. Leider nehmen wir nicht immer Notiz davon. Oder noch schlimmer: Wir gewöhnen uns an die vielen guten Dinge, die Gott für uns tut, und nehmen sie als selbstverständlich hin.

Mögen wir völlig von Gott und seiner Liebe erfüllt sein – so sehr, dass seine Liebe übersprudelt und aus uns zu anderen fließt und von ihnen durch Lob und Anbetung wieder zurück zu Gott. Wir lieben ihn, weil er uns zuerst geliebt hat (siehe 1. Johannes 4,19).

Diese Liebe, die Gott für uns hat und die wir für unsere

Mitmenschen haben sollen, ist nicht so sehr eine Emotion als vielmehr eine Aktion. Liebe heißt, Dinge zum Nutzen anderer zu tun und ein uneigennütziges Interesse an ihnen zu haben. Liebe will das Beste für einen anderen Menschen. Das ist die Art von Liebe, die Gott für uns hat und von der er sich wünscht, dass wir sie füreinander haben. Solange wir sie nicht zuerst von Gott empfangen und selbst erleben, können wir sie auch nicht an andere weitergeben. Wir können nicht verschenken, was wir nicht haben.

Durch seine Gnade versorgt Gott uns mit allem, was wir brauchen, und er fordert uns nie auf, etwas für jemand anderen zu tun, das er nicht zuerst für uns getan hat. Er schenkt uns seine Barmherzigkeit und fordert uns dann auf, auch mit anderen barmherzig zu sein. Er vergibt uns und bittet uns zu vergeben. Er ist freundlich und möchte, dass wir es ebenfalls sind. Er liebt uns bedingungslos und lädt uns ein, dieselbe bedingungslose Liebe weiterzugeben. Denk immer daran: Je mehr du Gottes Liebe empfängst und in ihr bleibst, desto besser kann sie durch dich zu anderen Menschen fließen.

Uns geliebt zu wissen, gibt uns Mut und Zuversicht und ermöglicht uns zu beten, ohne Angst zu haben, dass wir Gott missfallen könnten. Gott möchte mehr für uns tun, als wir je erbitten oder uns auch nur vorstellen können. Je mehr Gott für uns tut, desto mehr können wir für andere tun. Damit meine ich nicht nur Materielles, sondern auch Dinge wie Frieden und Freude. Je mehr Frieden wir von Gott empfangen, desto mehr Frieden können wir in jede Situation hineinbringen. Als Jesus mit seinen Jüngern auf dem See Genezareth war, konnte er den Sturm stillen und Frieden in die Situation hineinbringen, weil er selbst inneren Frieden hatte (siehe Markus 4,35-41).

Menschen, die tiefe Wurzeln haben, können für Tiefes beten. Sie kratzen nicht nur an der Oberfläche des Lebens. Sie bitten nicht bloß um Dinge, die ihr Leben bequemer machen und ihre Wünsche erfüllen sollen. Als Petrus und die anderen Jünger die ganze Nacht gefischt hatten, ohne etwas zu fangen, forderte Jesus sie auf, in tiefere Gewässer hinauszufahren und ihre Netze noch einmal auszuwerfen. Als sie seiner Anweisung gehorchten, fingen sie so viele Fische, dass ihre Netze zu reißen drohten. Sie hatten einen solchen Überfluss, dass sie andere Boote herbeiriefen und auch diese füllten (siehe Lukas 5,1-7).

Wir können einen ähnlichen Überfluss in unserem Leben haben. Wir müssen nur anfangen, tiefgründigere Gebete zu sprechen und um größere Dinge zu bitten. In Jakobus 4,2 steht, dass wir nicht haben, weil wir nicht bitten. Also, lasst uns auf Gottes Liebe vertrauen und anfangen, mutig zu beten, damit Gott durch uns verherrlicht werden kann!

## Zur persönlichen Vertiefung

Bist du dir täglich bewusst, dass Gott dich liebt, unabhängig davon, wie deine Umstände aussehen? Hast du seine Liebe erlebt und siehst du Zeichen seiner Liebe in deinem Alltag?

KAPITEL 7

# Unser Vorbild für die Welt

## Richtiges christliches Verhalten

### *Epheser 4,1-6*

*Als ein Gefangener für den Herrn fordere ich euch deshalb auf, ein Leben zu führen, das eurer Berufung würdig ist, denn ihr seid ja von Gott berufen worden. Seid freundlich und demütig, geduldig im Umgang miteinander. Ertragt einander voller Liebe. Bemüht euch, im Geist eins zu sein, indem ihr untereinander Frieden haltet. Ihr sollt alle gemeinsam ein Leib sein und einen Geist haben, weil ihr alle zu einer Hoffnung berufen seid. Es gibt nur einen Herrn, einen Glauben, eine Taufe, und es gibt auch nur einen Gott und Vater von allen, der über allen steht und durch alle lebt und in uns allen ist.*

Bis jetzt lag das Augenmerk des Epheserbriefes auf der Stellung und den Vorrechten, die wir durch Jesus Christus haben, und darauf, was Gott für uns durch seine Gnade getan hat. Nun wendet sich der Apostel Paulus der Frage zu, wie wir in Anbetracht dieser Dinge leben sollen. Wir können erst dann das Richtige tun, wenn Gott unser Herz in Ordnung gebracht hat – und das hat er ermöglicht, indem er seinen geliebten Sohn Jesus Christus für uns gab. Durch Jesus sind wir vor Gott gerecht gesprochen. Er ist unser Friede und unsere Freude.

Diese Glaubenslehren wurden in Epheser 1–3 dargelegt. Jetzt geht es darum, was für einen Lebensstil wir führen und was für ein Vorbild wir für die Welt sein sollten. Eine feste Glaubensgrundlage allein reicht nicht aus; wir müssen auch die praktischen Aspekte unseres christlichen Glaubens umsetzen und vorleben. Durch uns, die wir eine Beziehung zu ihm haben, lädt Gott Menschen ein, denen diese Beziehung noch fehlt. Der einzige Weg, wie manche Nichtchristen vielleicht auf Gott hingewiesen werden, ist durch uns. Wir sind Gottes

Botschafter auf dieser Erde und deshalb ist unser Verhalten äußerst wichtig.

Der Ruf der Kirche hat viel Schaden durch Menschen erlitten, die zwar wissen, was richtig ist, es aber nicht tun. Ihre Glaubenslehren mögen korrekt sein, aber ihr Verhalten ist es nicht. In vielen Fällen bilden sie sich etwas auf ihr angebliches Wissen ein und schreiben anderen gerne vor, was sie tun sollen, ohne selbst einen Finger zu rühren. Wir brauchen eine starke und akkurate Glaubensgrundlage, keine Frage, aber dann müssen wir den Glauben auch durch entsprechendes Verhalten zum Ausdruck bringen.

Paulus bittet seine Leser eindringlich, dass sie Gott durch ihr Verhalten ehren und ihn gut repräsentieren. Als Christen folgen wir Jesus Christus nach. Deshalb sollten wir uns auch so verhalten, wie er sich auf dieser Erde verhalten hat. Das Ziel im christlichen Alltag ist, Jesus immer ähnlicher zu werden.

Es erfordert Zivilcourage, unser Leben unter Menschen zu bestreiten, die nicht an Gott glauben oder die ihren Glauben nicht ernst nehmen. Wir müssen mutig und stark sein, statt Kompromisse einzugehen, um gut anzukommen oder um unchristlichen Meinungen entgegenzukommen. Wir alle sollten einen moralischen Standard haben, nach dem wir leben, und wir sollten unbeirrt daran festhalten, selbst wenn das Opfer von uns fordert.

Wir können sicher sein, dass der Teufel uns zu falschen Kompromissen verleiten will. Aber Gott freut sich über Menschen, die keine halbe Sache machen, sondern sich an den biblischen Werten orientieren, komme, was da wolle. Moralischer Mut zeigt sich nicht daran, dass wir gelegentlich das Richtige tun – wenn es uns leichtfällt. Er zeigt sich, wenn wir beständig das Richtige tun, vor allem dann, wenn es schwierig ist. Galater 6,9 zufolge werden wir zu gegebener Zeit auch den entsprechenden Segen ernten, wenn wir nicht müde werden, das zu tun, was gut ist.

## Zur persönlichen Vertiefung

Wie kannst du deinen Glauben an Gott praktisch ausleben? Wie kannst du dein Verständnis darüber, was er für dich durch Jesus getan hat, im Alltag zeigen? Wie kann dein Verhalten die Liebe und Güte Gottes, die er dir erwiesen hat, widerspiegeln?

Wir können eine wichtige Lektion über christliches Verhalten aus der neutestamentlichen Geschichte vom Feigenbaum lernen. Als Jesus unterwegs war, sah er eines Tages aus der Ferne einen Feigenbaum. Er ging auf ihn zu, in der Erwartung, Früchte an dem Baum zu finden. Da waren aber keine. Also verfluchte er den Baum, woraufhin dieser verdorrte. Seine Jünger waren erstaunt, als sie das sahen, und fragten, warum der Feigenbaum verdorrt war. Daraufhin lehrte Jesus sie etwas über Glauben und Gebet. Viele Bibelkommentatoren sehen in dem Feigenbaum vor allem eine Lektion über den Glauben, aber ich meine, er enthält noch eine weitere Lektion, die oft übersehen wird.

Jesus sah die Blätter an dem Feigenbaum und er wusste: Unter Feigenbaumblättern sollten sich eigentlich auch immer Früchte befinden. Doch dieser Baum hatte keine Frucht. Jesus ging zum Baum in der Erwartung, seinen Hunger stillen zu können, blieb aber genauso ungesättigt wie vorher. Der Baum hatte Blätter, aber keine Früchte (siehe Matthäus 21,19-22).

Viele Menschen, die sich Christen nennen, sind wie dieser Feigenbaum. Bestimmte äußerliche Anzeichen deuten darauf hin, dass sie Christen sind. Sie gehen regelmäßig in die Kirche und haben vielleicht einen Autoaufkleber, der auf Jesus hinweist. Möglicherweise besitzen sie viele verschiedene Bibelübersetzungen und haben eine große Bibliothek mit Büchern von christlichen Autoren. Um den Hals tragen sie eine Kette mit einem Kreuz – dem Symbol des Christentums. Sie haben ein T-Shirt an, auf dem ein Bibelvers steht. All diese Dinge sind durchaus gut, doch ohne die Frucht des guten Verhaltens sind sie wertlos und können der Sache von Jesus sogar schaden. Wenn wir unseren christlichen Glauben durch äußere Zeichen zur Schau stellen, ihn aber nicht durch unser Handeln untermauern, ruft die Welt bloß: »Heuchler!«

Wissen Menschen erst einmal, dass wir Christen sind, dann erwarten sie auch, gute Frucht an uns zu finden. Jesus sagte, dass man einen Baum an seinen Früchten erkennt (siehe Matthäus 12,33). Er sagte auch: *Ein guter Mensch spricht gute Worte aus einem guten Herzen, und ein böser Mensch spricht böse Worte aus einem bösen Herzen* (Matthäus 12,35). Ein Baum kann noch so sehr wie ein Orangenbaum aussehen, wenn er Dornen statt Orangen hervorbringt, dann wissen wir, dass es kein Orangenbaum ist. Als Gottes Botschafter auf der Erde gilt für uns das gleiche Prinzip.

Die Welt ist voller bedürftiger Menschen, die nach etwas Echtem suchen, an das sie glauben und zu dem sie gehören können. Sie sind hungrig, selbst wenn ihnen nicht unbedingt bewusst ist, wonach sie hungern. Sie haben einen geistlichen Hunger, den nichts stillen kann außer eine enge Beziehung zu Gott, und er möchte uns benutzen, diese Menschen zu erreichen. Unser Leben sollte eine Reklametafel für die Attraktivität der Gottesbeziehung sein, die durch Jesus möglich ist.

## Zur persönlichen Vertiefung

Sind hinter den äußeren Zeichen deines christlichen Glaubens auch gute Früchte zu erkennen?

In die Kirche zu gehen oder sich christliche Sprüche ans Auto zu kleben, ist leicht. Gute Frucht hervorzubringen, ist schon schwerer.

In Jeremia 17,7-8 steht, dass jemand, der seine ganze Hoffnung auf Gott setzt und ihm vollkommen vertraut, wie ein Baum ist, der am Ufer gepflanzt ist. Seine Wurzeln sind so tief im Bachbett verankert, dass er trotz monatelanger Trockenheit noch gute Frucht trägt. Zumindest sollten wir mit der Zeit Fortschritte in unserem Glaubensleben machen. Als »Sprösslinge« im Glauben bringen wir vielleicht nur wenig Frucht hervor, doch mit jedem Jahr, das verstreicht, sollte die Ernte der guten Dinge in unserem Glaubensleben immer mehr zunehmen.

In Epheser 4,1-6 zählt Paulus einige konkrete Verhaltensweisen auf, die wir entwickeln sollten: Freundlichkeit, Demut, Selbstbeherrschung, Geduld, selbstlose Liebe und Einheit. Jede von ihnen – neben anderen Eigenschaften – ist sehr wichtig und sollte sich in unserem zwischenmenschlichen Umgang zeigen.

## *Freundlichkeit (Demut, Sanftmut)*

Freundlichkeit drückt sich oft durch Demut und Sanftmut aus. Sanftmut ist keine Schwäche, sondern kontrollierte Stärke. Matthäus 11,29 zufolge war Jesus demütig und freundlich (in einigen Übersetzungen steht »sanftmütig«), obwohl ihm alle Macht zur Verfügung stand (siehe Matthäus 28,18). Er war definitiv nicht schwach, aber er hielt seine Kraft im Umgang mit Menschen im Zaum. Als Judas mit einer Gruppe von Männern kam, um Jesus zu verraten und ihn gefangen zu nehmen, zog einer der anderen Jünger sein Schwert und schlug einem Mann das Ohr ab. Jesus befahl ihm, sein Schwert wegzustecken, und erinnerte ihn daran, dass er seinen Vater um Tausende von Engeln bitten könnte, um ihn zu beschützen – wenn er es wollte. Doch würde er das tun, dann könnte sich der Wille seines Vaters nicht erfüllen (siehe Matthäus 26,49-54). An diesem Beispiel sehen wir, dass Jesus sich mit seiner Kraft zurückhielt, um ein höheres Ziel zu erreichen. Genau das ist es, was die Bibel mit dem Begriff *Sanftmut* ausdrücken will.

Demut zeigt sich auf unterschiedliche Weise. Zum Beispiel ist sie nicht selbstgerecht und verurteilt andere nicht wegen ihrer Schwächen und Fehler. Wer wirklich demütig ist, der hält sich selbst nie für etwas Besseres und meint nicht, anderen überlegen zu sein. Selbsterkenntnis hilft uns, Demut zu entwickeln. Wenn wir uns selbst kennen und uns unseren eigenen Schwächen stellen, bewahrt uns das davor, uns Menschen überlegen zu fühlen und sie zu verurteilen.

Jesus hat uns die Demut vorgelebt, die wir alle anstreben sollten. Er bestand nicht auf seinen göttlichen Rechten, sondern nahm die niedrige Stellung eines Dieners an und wurde als Mensch geboren (siehe Philipper 2,6-7). Er wusch seinen Jüngern die Füße, als Beispiel, dem sie folgen sollten (siehe Johannes 13,1-17). Mir ist außerdem aufgefallen, dass Jesus nie das Bedürfnis hatte, sich gegen Anschuldigungen zu verteidigen oder zu beweisen, dass er recht hatte. In vielen Fällen antwortete er überhaupt nicht. In zwischenmenschlichen Beziehungen scheinen wir oft zu streiten, um zu beweisen, wer recht hat und wer nicht. Doch wer wirklich demütig ist, der erkennt, dass es Wichtigeres gibt, als recht zu haben, beispielsweise freundlich zu bleiben. Recht zu haben, wird stark überbewertet. Unserem Ego verschafft es vorübergehende Befriedigung, doch es trägt nicht dazu bei, dass wir geistlich reifer werden und Demut entwickeln.

Paulus ermutigte die Christen in Philippi, untereinander die gleiche Demut walten zu lassen, die Jesus vorgelebt hat (siehe Philipper 2,5). Das sollte auch unser Ziel sein. Man kann mit Sicherheit sagen, dass Stolz – das Gegenteil von Demut – die Wurzel aller Sünden ist und Selbstsucht, Streit und viele andere zwischenmenschliche Probleme verursacht.

## *Selbstbeherrschung*

Das von Paulus empfohlene gute Verhalten an den Tag zu legen, ist nicht immer leicht, und es erfordert Selbstbeherrschung. Selbstbeherrschung ist eine Frucht des Heiligen Geistes, die wir in unserem menschlichen Geist haben (siehe Galater 5,22-23). Wenn wir uns für Jesus Christus entscheiden, werden wir innerlich wiedergeboren, und in dem Moment wird Selbstbeherrschung zusammen mit all den anderen guten Früchten Gottes in unseren Geist gepflanzt. Doch die Samen dieser Frucht im Innern zu haben, ist nicht das Gleiche, wie sie wachsen zu lassen. Wir können vieles besitzen, was wir gar nicht benutzen. Beispielsweise hat mein Smartphone alle möglichen Funktionen, die ich nicht oft benutze. Wenn ich sie dann einmal brauche, geht mir die Nutzung nicht leicht von der Hand. Die Funktionen meines Smartphones, die ich regelmäßig benutze – SMS, E-Mail, Terminkalender –, fallen mir leicht. Eine ähnliche Dynamik gibt es bei den guten Verhaltensweisen und der Frucht des Geistes. Je mehr wir dieses Verhalten praktizieren, desto leichter fällt es uns.

## *Geduld*

Unser Umgang untereinander erfordert Geduld. Genauso erfordert es Geduld, darauf zu warten, dass Gott unsere Bedürfnisse erfüllt. Geduld bedeutet, warten zu können, ohne die Ruhe zu verlieren. Geduld bedeutet also nicht nur das Warten auf etwas, sondern beschreibt auch die Art und Weise, wie wir warten. Jesus ließ sein Verhalten nie von seinen Umständen oder unfreundlichen Menschen beeinträchtigen und auch wir sollten unser Verhalten davon nicht beeinträchtigen lassen.

Geduldige Menschen können mit schwierigen Situationen oder Personen umgehen, ohne dabei ihre Gelassenheit zu verlieren. Selbst bei persönlichem Leid oder ungerechter Behandlung zeigen sie weiterhin die Frucht der Liebe und der Freundlichkeit. Paulus sagt, dass wir nachsichtig mit den Fehlern anderer sein sollen, genauso wie wir uns Nachsicht von anderen wünschen (siehe Kolosser 3,13). Der Grundsatz von Jesus: *Geht so mit anderen um, wie die anderen mit euch umgehen sollen* (Matthäus 7,12), ist unsere Goldene Regel.

Wir empfangen die Zusagen Gottes durch Glauben *und* Geduld (siehe Hebräer 6,12), nicht allein durch Glauben. Zunächst erfordert es Glauben, Gott zu bitten, etwas für uns zu tun oder etwas Unangenehmes in unserem Leben zu verändern. Doch dann erfordert es Geduld, auf seine Antwort zu warten. Solche Wartezeiten sind Geduldsproben, durch die Gott unser geistliches Wachstum fördert. Ich bin überzeugt: Uns geduldig nach Gottes Zeitplan zu richten und auf die Erfüllung seiner Zusagen zu warten, ist die Grundlage dafür, dass wir mit allen anderen Dingen geduldig sind. Je mehr wir einen Muskel benutzen, desto stärker wird er. Je mehr wir das gute Verhalten einüben, zu dem Paulus uns auffordert, desto selbstverständlicher wird es.

## *Selbstlose Liebe*

Wir sollen einander in Liebe ertragen. Solange wir ständig nur an unser eigenes Wohlergehen denken und unseren eigenen Willen durchsetzen wollen, sind wir selbstsüchtig. Und selbstsüchtige Menschen sind keine glücklichen Menschen. Mit zunehmender Liebe in unserem Umgang mit anderen nimmt auch unser Lebensglück zu. Paulus schreibt, dass es nichts Größeres und keine bessere Lebensweise als die Liebe gibt (siehe 1. Korinther 12,31). Er schreibt außerdem, dass die Liebe alles erträgt und von jedem immer das Beste glaubt. Sie bewahrt stets die Hoffnung, auch in schwierigen Zeiten, und bleibt stark, ganz gleich, was geschieht (siehe 1. Korinther 13,7).

Jesus sagt, wenn wir ihn lieben, dann werden wir seine

Gebote halten (siehe Johannes 14,15). Ein Weg, wie wir unsere Liebe zu ihm erweisen können, ist durch die zwischenmenschliche Liebe.

Wir wollen nicht wie der Feigenbaum sein, der nur Blätter, aber keine Früchte hat. Es gibt bloß einen Weg, wie andere Menschen durch uns Jesus erkennen können, und zwar, indem wir uns so verhalten wie er. Menschen erinnern sich nicht immer an das, was wir ihnen gesagt haben, aber sie erinnern sich daran, wie wir sie behandelt und was für ein Gefühl wir ihnen vermittelt haben.

## *Einheit*

Paulus ruft die Epheser einmal mehr zur Einheit auf. Sie sollen sich darum bemühen, »im Geist eins zu sein« (siehe Epheser 4,3). Wohlgemerkt, Christen müssen sich *bemühen*. Warum ist Einheit so schwer aufrechtzuerhalten? Das liegt daran, dass wir so verschieden sind und zu vielen Fragen und Situationen unterschiedliche Meinungen und Sichtweisen haben.

Diese unterschiedlichen Perspektiven führen oft zu Uneinigkeit unter uns. Deshalb erinnert uns Paulus daran, dass die Christen einen einzigen Leib darstellen und es für uns alle nur einen Herrn, eine Hoffnung, einen Glauben, eine Taufe und einen Gott und Vater gibt. Einigen Berichten zufolge soll es dreiunddreißigtausend verschiedene Konfessionen und Gruppierungen geben, die sich »christlich« nennen. Wenn diese Zahl auch nur annähernd stimmt, ist es kein Wunder, dass der Einfluss der Christen in der Gesellschaft nicht dem entspricht, wie Gott es sich gedacht hat. Selbst innerhalb von Konfessionen und Gruppierungen herrscht Uneinigkeit.

Würden zwei Christen auf einer einsamen Insel stranden und eine Gemeinde gründen, würde es vermutlich nicht lange dauern, bis sie sich in irgendeiner Angelegenheit uneins wären und einer von ihnen die Zweiergemeinde verlassen würde, um eine eigene Gemeinde zu gründen. Sehr wahrscheinlich werden wir nie alle in allen Glaubensfragen übereinstimmen, doch wir sollten nach den Punkten suchen, bei denen wir einer Meinung sind, statt so stark zu betonen, wo wir unterschiedlicher Meinung sind. Wir müssen in der Vielfalt nach Einheit suchen. Wir sind alle sehr unterschiedlich, aber inmitten unserer Unterschiedlichkeit können wir die Einheit anstreben. Wir müssen uns nur aufrichtig darum bemühen.

Stellen wir uns einmal vor, wie albern wir aussehen würden, wenn mehrere unterschiedliche Körper an unserem Kopf angebracht wären. Die Bibel lehrt uns, dass wir Christen gemeinsam der »Leib von Christus« sind (siehe 1. Korinther 12,27). Der physische Leib besteht aus vielen Teilen und hat viele Funktionen, bildet aber trotzdem eine Einheit. Jeder Körperteil arbeitet mit den anderen zusammen, nicht gegen sie. Paulus zieht diesen Vergleich, um Gottes Absicht aufzuzeigen, dass wir als Individuen zusammenarbeiten sollen. Er mag zwar durch jede Person anders wirken, aber wir können trotzdem alle zusammenarbeiten, in dem Wissen, dass wir demselben Herrn dienen.

Der Teufel ist der Anstifter allen Streits und jeder Uneinigkeit. Er weiß: Je uneiniger wir sind, umso schwächer werden wir. Gott sagt, dass auf Einheit seine »Salbung« liegt, das heißt seine Gegenwart und Kraft (siehe Psalm 133). Jeder von uns sollte zur Einheit der Gemeinde beitragen. Ein simpler erster Schritt wäre, sich zu verpflichten, nie ein verurteilendes Wort über andere Teile des »Leibes Christi« zu äußern, die nicht so sind wie wir. Sicher, gravierende Irrlehren müssen angesprochen werden, damit Menschen nicht in die Irre geleitet werden, aber unsere persönlichen Meinungen, Vorlieben und Abneigungen fallen nicht in diese Kategorie. Eins ist sicher: Im Himmel wird zwischen uns Christen vollkommene Einheit herrschen. Es wird keine Konfessionen mehr geben und wahrscheinlich werden wir feststellen, dass niemand von uns hier auf der Erde alles perfekt verstanden hat.

## Zur persönlichen Vertiefung

Wie kannst du in Demut, Freundlichkeit, Selbstbeherrschung, Geduld, selbstloser Liebe und Einheit wachsen?

KAPITEL 8

# Geistliches Wachstum und Reife

## Geistlich wachsen

*Epheser 4,7-10*

*Doch hat jeder von uns seinen Anteil an der Gnade geschenkt bekommen, so wie Christus sie uns geschenkt hat. Deshalb heißt es in der Schrift: »Er ist in die Höhen hinaufgestiegen und hat Gefangene mit sich geführt und den Menschen Gaben geschenkt.« Dass er in die Höhen hinaufstieg, bedeutet aber auch, dass er vorher herabgekommen war: Er kam als Mensch auf die Erde. Er, der herabkam, ist derselbe, der über alle Himmel hinaufstieg, damit er Herr über alles ist.*

Gott hat jedem von uns seine Gnade (Befähigung) geschenkt, aber sie drückt sich unterschiedlich aus. Wir alle wurden von Gott mit Gaben ausgestattet und haben eine Rolle in seinem Gesamtplan zu spielen. Unser Ziel sollte es sein, geistlich zu reifen, damit wir unseren gottgegebenen Teil im Zusammenwirken mit den Teilen anderer tun können. Wir sollten einander mit unseren Gaben dienen und unser geistliches Wachstum dadurch gegenseitig fördern. Diese Gaben wurden der Gemeinde gegeben, als Jesus in die Höhen hinaufstieg und Gefangene mit sich führte (siehe Epheser 4,8).

H. A. Ironside schrieb: »Durch seinen Sieg über den Tod machte unser gesegneter Herr den zum Gefangenen, der bis dahin die Macht über den Tod gehabt hatte, damit er all diejenigen befreien konnte, die ›durch Todesfurcht ihr ganzes Leben hindurch in Knechtschaft gehalten wurden‹ (Hebräer 2,15). Mit anderen Worten, unser mächtiger Feind Satan ist jetzt besiegt. Er wurde am Streitwagen Christi gefangen geführt und unser Herr ist nun als Mensch hinaufgestiegen und hat seinen Platz auf dem Thron der Majestät des Himmels eingenommen, wo er von seinem erhabenen Sitz in der Herrlichkeit diese Gaben seiner Gemeinde gibt, für ihre Erbauung und ihren Segen« (H. A. Ironside: *Ephesians: An Ironside Expository Commentary*, Grand Rapids, MI: Kregel Publications, 1937; nachgedruckt 2007, S. 107).

Unser Herr hat den Teufel besiegt und ihm seine Macht entzogen. Die einzige Macht, die er jetzt noch hat, ist die, die wir ihm durch Angst, durch mangelnde Erkenntnis oder durch Ungehorsam geben. Wir haben die Gaben und Fähigkeiten, die wir brauchen, um den Auftrag von Jesus weiterzuführen. Jeder Christ hat die Aufgabe, andere Menschen mit Gott zu versöhnen (siehe 2. Korinther 5,18). Wir sollen uns Jesus, unserem Haupt, unterordnen und mit ihm zusammenarbeiten, damit diejenigen, die ihm noch fern sind, mit ihm versöhnt werden.

# Gott will jeden benutzen

## *Epheser 4,11-13*

*Er hat die einen als Apostel, die anderen als Propheten, wieder andere als Prediger und schließlich einige als Hirten und Lehrer eingesetzt. Ihre Aufgabe ist es, die Gläubigen für ihren Dienst vorzubereiten und die Gemeinde – den Leib Christi – zu stärken. Auf diese Weise sollen wir alle im Glauben eins werden und den Sohn Gottes immer besser kennenlernen, sodass unser Glaube zur vollen Reife gelangt und wir ganz von Christus erfüllt sind.*

Gott hat Apostel, Propheten, Evangelisten, Pastoren und Lehrer eingesetzt, um andere für den Dienst auszurüsten. Es war nie seine Absicht, dass diese Individuen die ganze Arbeit erledigen sollen, während der Rest zum Publikum wird. Als Bibellehrerin im Leib Christi ist es meine Aufgabe, anderen beizubringen, was sie in und durch Jesus haben und wie sie ihren Glauben im Alltag umsetzen können.

Tausende und Abertausende Christen sitzen Woche für Woche in Gottesdiensten und schauen zu, wie jemand auf der Bühne »dient«, aber sie selbst tun hinterher nichts, um Gott auf praktische Weise zu dienen. Sie kommen nächste und übernächste Woche wieder und sind vielleicht sogar stolz auf ihre regelmäßigen Gottesdienstbesuche. Fälschlicherweise glauben sie jedoch, dass jemand anders den Dienst tun sollte, während sie untätig herumsitzen und sich bedienen lassen. Das ist ganz und gar nicht das, was Paulus lehrte.

Gott hat seiner Gemeinde die Dienstgaben gegeben, damit wir geistlich reifen und alle im Glauben eins werden. Wieder betont Paulus den Gedanken der Einheit und die gemeinsame Sache, auf die wir als Christen hinarbeiten sollten.

## Zur persönlichen Vertiefung

Was kannst du tun, um jemand anderem zu helfen? Lässt du dich von Gott benutzen, damit er durch dich andere Menschen mit sich versöhnen kann? Setzt du deine gottgegebenen Gaben zum Wohl seines Reiches ein?

## Nicht länger unreife Christen sein

*Epheser 4,14*

*Dann werden wir nicht länger wie Kinder sein und uns ständig von jeder fremden Meinung beeinflussen oder verunsichern lassen, nur weil geschickte Betrüger uns eine Lüge als Wahrheit hinstellen.*

Ein erwachsener Mensch wurde nicht in diesem Zustand geboren. Er kam als Baby auf die Welt und wuchs allmählich zur vollen Reife heran. Genauso ist es im Leben eines Christen. Wir fangen als geistliche Babys an. Paulus sagte den Korinthern, dass er ihnen noch nicht die feste Speise des Wortes Gottes geben konnte, weil sie sie noch nicht vertragen konnten. Eigentlich hätten sie in ihrem Wachstum schon weiter sein sollen, aber sie waren immer noch Säuglinge im Glauben (siehe 1. Korinther 3,2). Die »Milch« der Bibel sind die Glaubenslehren, die leicht zu verdauen sind. Sie sättigen uns mit dem Guten, das Gott uns durch seine Gnade geschenkt hat. Die »feste Speise« der Bibel sind hingegen die Lehren, die uns sagen, was wir nun in Anbetracht der Gnadengeschenke Gottes tun sollen.

Wir sollen die Säuglingsphase unseres Glaubens – in der wir uns hauptsächlich darum kümmern, dass unsere Bedürfnisse gestillt werden – hinter uns lassen und allmählich zur geistlichen Reife heranwachsen. Einem reifen Christen geht es nicht in erster Linie um seine eigenen Bedürfnisse, sondern darum, wie er Gott dienen kann.

Keiner von uns hat schon den Zustand erreicht, wo er nicht mehr wachsen muss. Wir sollten jedoch Wachstum bei uns feststellen können. Wir sollten uns positiv entwickeln und Jesus in unserem Verhalten immer ähnlicher werden. Ich sage häufig: »Ich bin zwar noch nicht da, wo ich sein wollte, aber Gott sei Dank bin ich auch nicht mehr da, wo ich einmal war.« Ich wachse und das erwartet Gott von uns allen.

Ein Verhalten, das bei einem Kind als niedlich gilt, solange es sich im Kleinkindalter befindet, ist ganz und gar nicht mehr niedlich, wenn dieselbe Person dreißig oder vierzig Jahre alt ist. Beispielsweise stellen kleine Kinder andauernd Fragen und die Eltern finden diese Wissbegierde süß. Doch wenn die Kinder erwachsen sind, wollen die Eltern nicht mehr bei allem, was sie tun, befragt werden. Inzwischen sollte ein Vertrauensverhältnis zwischen ihnen bestehen. Ein Kleinkind mag viel vor sich hin plappern, und wir sehen das als Teil des Heranwachsens, aber wenn ein Erwachsener ständig plappert und nie zuhören kann, geht er uns auf die Nerven.

Babys dürfen gerne Babys sein. Das erwarten wir von ihnen. Kinder dürfen Kinder sein und Teenager dürfen Teenager sein. Aber von Erwachsenen sollte man erwarten können, dass sie sich auch erwachsen verhalten. Paulus schrieb den Korinthern: *Als ich ein Kind war, redete und dachte und urteilte ich wie ein Kind. Doch als ich erwachsen wurde, legte ich das Kindliche ab* (1. Korinther 13,11). Wenn wir das von unseren leiblichen Kindern erwarten, dann erwartet Gott das ganz sicher auch in Bezug auf die geistliche Reife.

Paulus sah, dass es den Korinthern an geistlicher Reife mangelte, weil immer noch Eifersucht und Streit unter ihnen herrschten (siehe 1. Korinther 3,1-3). Mit anderen Worten, ihr Verhalten offenbarte ihren geistlichen Reifegrad. Bei uns ist das nicht anders. Wir können unseren geistlichen Reifegrad sehr leicht feststellen, indem wir uns selbst zuhören und unser eigenes Verhalten beobachten – besonders, wenn wir unter Druck stehen. Paulus fordert uns auf, uns selbst zu prüfen. Wir sollen prüfen, ob sich unser Glaube konkret in unserer Lebensweise zeigt (siehe 2. Korinther 13,5). Ich persönlich halte es für hilfreich, das regelmäßig zu praktizieren. Das Ziel einer solchen Selbstprüfung ist nicht, Schuldgefühle auf uns zu laden, wenn wir Fehlverhalten bemerken, sondern Hilfe vom Heiligen Geist zu empfangen, damit wir uns verändern können.

Das gelingt jedoch erst dann, wenn unsere Identität fest in

Jesus verankert ist. Sonst fühlen wir uns nämlich durch jeden Fehler, den wir an uns selbst feststellen oder den jemand anders aufdeckt, heruntergezogen und verurteilt. Wissen wir hingegen, dass Gott uns liebt und uns nie ablehnt, können wir seine Korrektur annehmen. Mehr noch, wir können uns über sie freuen, weil wir gerne das erreichen wollen, was Gott für uns vorgesehen hat.

Ich würde sogar so weit gehen zu sagen, dass man ohne Korrektur unmöglich geistliche Reife erlangen kann. Man kommt geistlich nicht weiter, es sei denn, man gibt ehrlich zu, an welchem Punkt man sich gerade befindet.

Die Gefühle geistlicher Kinder geraten durch Lebensstürme schnell durcheinander, aber Paulus möchte, dass wir uns durch äußere Einflüsse nicht mehr ständig verunsichern lassen. Unsere Umstände können sich jederzeit ändern, aber Gott bleibt immer derselbe. Auf seine Worte ist Verlass, und wer sein Leben auf sie baut, der wird von keinem Sturm umgerissen.

Damals kursierten in den christlichen Gemeinden offenbar allerlei Lehrmeinungen, genauso wie heute. Paulus sagte, dass reife Christen sich davon nicht aus der Bahn werfen lassen und nicht auf Betrüger hereinfallen. Reife Christen wissen, was sie glauben. Sie sind fest in der Bibel verwurzelt und nichts und niemand kann sie davon wegbewegen. Das heißt nicht, dass sie nicht offen sind, Neues zu lernen. Sie sind aufgeschlossen, aber nicht unschlüssig.

## In Liebe an der Wahrheit festhalten

*Epheser 4,15*

> *Stattdessen lasst uns in Liebe an der Wahrheit festhalten und in jeder Hinsicht Christus ähnlicher werden, der das Haupt seines Leibes – der Gemeinde – ist.*

Die moderne Gesellschaft will uns weismachen, es gäbe keine absolute Wahrheit. Menschen behaupten, die Wahrheit würde von den Umständen abhängen. Anders gesagt, sie glauben, dass die Wahrheit sich jederzeit ändern kann. Doch eine solche Philosophie ist dumm. Wahrheit ist Wahrheit – sie kann sich nicht ständig ändern. Jesus sagt, dass *er* die Wahrheit ist (siehe Johannes 14,6). Er ist immer derselbe, gestern, heute und in Ewigkeit (siehe Hebräer 13,8). Er verändert sich nicht. Wir können uns immer auf ihn verlassen. Das, was er sagt, erfüllt sich auch.

Wie kann etwas wahr sein, wenn es eine Wahrheit für mich und eine andere Wahrheit für dich gibt? So eine Denkweise zeigt uns, warum heute so viel Verwirrung und Aufruhr in der Welt herrschen. Die Wahrheit ist simpel. Sie ist, was sie ist, und sie erfordert keine tiefe Grübelei, um verstanden werden zu können.

Jesus sagte: Wenn wir uns nach seinen Worten richten, werden wir die Wahrheit erkennen, und die Wahrheit wird uns frei machen (siehe Johannes 8,31-32) – frei von all den Dingen, die uns davon abhalten, das Leben zu genießen, das Jesus uns durch seinen Tod ermöglicht hat. Uns an der Wahrheit zu orientieren, befreit uns von Angst, Sorgen, Bedauern, Sünde, Unversöhnlichkeit, Verbitterung, Groll und vielen anderen Dingen.

Wenn wir auf Gottes Wegen gehen, ist sein Wort eine Leuchte, die uns für jeden Schritt Licht spendet (siehe Psalm 119,105). Dieser Weg wird immer heller, je mehr wir lernen und wachsen. Durch die Beschäftigung mit der Bibel erkennen wir die Wahrheit immer mehr, was uns die Augen öffnet, damit wir sehen können, wo wir uns getäuscht haben. Derartige Täuschungen liegen vor, wenn wir Lügen glauben und diese somit zu unserer Realität werden. Wer beispielsweise in der Vergangenheit viele Fehler gemacht hat, ungerecht behandelt oder missbraucht worden ist, der mag glauben, dass er nie ein gutes Leben haben kann. Die Bibel stellt jedoch klar, dass jemand, der sich für Jesus Christus entscheidet, zu einem neuen Menschen wird; das Alte ist vergangen und alles wird neu (siehe 2. Korinther 5,17). So jemand bekommt eine reine Weste und kann einen Neuanfang wagen.

Wir sollten die Wahrheit lieben und die Wahrheit liebevoll vermitteln – durch unsere Worte genauso wie durch unser Verhalten. Beides sollte Ausdruck der Wahrheit Gottes sein. Dadurch wachsen wir und werden geistlich reif.

# Gut zusammenarbeiten

*Epheser 4,16*

*Durch ihn wird der ganze Leib zu einer Einheit. Und jeder Teil erfüllt seine besondere Aufgabe und trägt zum Wachstum der anderen bei, sodass der ganze Leib gesund ist und wächst und von Liebe erfüllt ist.*

Paulus beendet diesen Abschnitt seines Briefes mit einer weiteren Ermutigung, dass alle Christen harmonisch zusammenarbeiten sollen, damit der Leib Christi richtig funktionieren kann.

Indem wir zusammenkommen und die christlichen Prinzipien auf unseren Umgang miteinander anwenden, wachsen wir geistlich. Kränkt uns jemand? Dann lernen wir, schnell zu vergeben. Bemerken wir Fehler oder Schwächen bei einer anderen Person? Dann helfen wir ihr liebevoll und in aller Demut, ohne dabei unsere eigenen Mängel zu übersehen, damit wir nicht in dieselbe Gefahr geraten (siehe Galater 6,1). Der Umgang miteinander ermöglicht es uns, unseren Glauben aneinander zu praktizieren.

Wer den christlichen Glauben als etwas Abstraktes betrachtet – bei dem man sich Wissen aneignet, ohne das Gelernte je in Situationen anwenden zu müssen –, der wächst nicht. Was so jemand zu wissen glaubt, konkretisiert sich nicht, weil es nie auf die Probe gestellt wird. Doch in zwischenmenschlichen Beziehungen muss man das Gelernte regelmäßig anwenden. Tut man das, dann kommt es dem gesamten Leib Christi zugute. Ein Christ, der nur Umgang mit Nichtchristen pflegt, denen es egal ist, wie er sich verhält, muss hinsichtlich seines Verhaltens auch nie Rede und Antwort stehen. Ganz anders unter Gleichgesinnten. Da ist man gefordert, sich richtig zu verhalten. Menschen, die sich nicht voll und ganz auf Jesus einlassen und sich keine geistliche Reife wünschen, meiden oft Christen, die sie wegen ihres Verhaltens zur Verantwortung ziehen würden.

Paulus schreibt häufig darüber, dass manche Christen in ihren alten Verhaltensmustern hängen bleiben. Sie wurden zwar durch Gottes Gnade gerettet, sind geistlich aber nicht gereift, sondern werden immer noch von ihrer alten Natur bestimmt. Sie richten sich nach ihren rein menschlichen Impulsen und ihren eigenen Gedanken. Wir sind zu etwas Höherem berufen. Wir sind berufen, zu geistlicher Reife heranzuwachsen und Jesus in allem immer ähnlicher zu werden.

## Zur persönlichen Vertiefung

Hast du Freunde oder Familienmitglieder, die dich zur Verantwortung ziehen und dich zur Rede stellen, wenn dein Verhalten Gott missfällt?

KAPITEL 9

# Die Lebensreise eines Christen

# Ein neuer Lebensstil

## *Epheser 4,17-21*

*Ich will vor Gott bezeugen, dass ihr nicht mehr leben sollt wie Menschen, die Gott nicht kennen und deren Denken ohne Sinn und Ziel ist. Ihr Verstand ist verfinstert und sie sind von dem Leben, das Gott für sie hat, weit entfernt, weil sie von ihm nichts wissen wollen und ihre Herzen hart geworden sind. Gleichgültig überlassen sie sich ganz ihren ausschweifenden Leidenschaften und suchen gierig nach jeder Art von Verlockung. Doch ihr habt das Wesen von Christus anders erlernt. Ihr habt ihm doch zugehört und kennt die Wahrheit, die in ihm ist?*

Der Apostel Paulus vermittelt uns häufig dieselben Inhalte auf unterschiedliche Weise. Er teilt den Philippern mit, dass er nicht müde wird, ihnen immer wieder dasselbe zu schreiben, weil es sie nur noch mehr stärken wird (siehe Philipper 3,1). Paulus unterstreicht gegenüber den Ephesern, wie wichtig ihr Verhalten ist, und er erinnert sie daran, dass sie nicht mehr wie Menschen leben sollen, die Gott nicht kennen.

Wir sollten es nie als langweilig oder nutzlos abtun, immer wieder dieselben Wahrheiten zu hören, denn wir vergessen allzu leicht, was wir gehört haben. Der Teufel leistet Überstunden, um uns abzulenken – besonders nachdem wir biblische Wahrheiten gehört oder studiert haben. Markus schreibt, dass der Teufel sofort kommt und uns die Samen des Wortes Gottes wegnehmen will (siehe Markus 4,15), damit sie keine Wurzeln in unserem Herzen schlagen und keine Frucht hervorbringen. Du könntest dieses Buch zehn Mal lesen und jedes Mal würdest du vermutlich etwas lernen, das dir vorher entgangen ist. Oder zumindest wirst du an einige wichtige Wahrheiten und Prinzipien erinnert, die du nicht vergessen solltest.

Wir leben in der Welt und schnappen die Gewohnheiten anderer Menschen auf, wenn wir viel mit ihnen zusammen sind. Deshalb will Paulus unmissverständlich auf den Zustand von Menschen hinweisen, die keine Beziehung zu Gott haben und ihn deshalb nicht kennen. Ihr Denken ist verkehrt und führt ins Leere. Sie folgen ihren eigenen Gedanken und Gefühlen und tun, was sie wollen. Sie richten sich nach ihrem eigenen Verstand, der verfinstert ist. Das Leben Gottes, das in Christen wohnt, ist in ihnen nicht zu finden. Durch die Sünde sind ihre Herzen hart und gleichgültig geworden, sodass sie nach jeder Art von Verlockung suchen. Es wäre dumm, ihrem Beispiel zu folgen. Der Psalmist David sagt, dass wir nicht auf den Rat der Gottlosen hören sollen (siehe Psalm 1,1).

Wir mögen uns fragen, warum ein Mensch sich für so ein offensichtlich unglückliches Leben entscheidet, doch viele tun es. Mir ist aufgefallen, dass Nichtchristen oft etwas an anderen auszusetzen haben, besonders an Christen. Dadurch haben sie einen Vorwand, um ihr eigenes Verhalten zu ignorieren. Ich kannte einmal einen sehr bösen Mann, der andere Menschen ständig kritisierte und verurteilte, obwohl sein eigenes Verhalten viel schlimmer war als ihres. Er nahm die Christen in seinem Bekanntenkreis genau unter die Lupe und bauschte jeden ihrer Fehler ganz schnell auf. Er sagte häufig: »Die gehen in die Kirche, sind aber auch nicht besser als ich.«

Paulus erinnert seine Leser daran, dass sie sich nicht so verhalten sollen wie Nichtchristen, weil sie etwas Besseres gelernt haben. Je mehr wir mit Nichtchristen zusammen sind – am Arbeitsplatz oder vielleicht auch in der Familie –, desto mehr müssen wir daran erinnert werden, nicht ihrem Beispiel zu folgen, sondern ihnen ein Vorbild zu sein. Wir können ihnen ein gottgefälliges Verhalten vorleben. Wenn sie unseren Frieden und unsere Freude sehen, wird ihnen hoffentlich klar, dass es eine bessere Lebensweise als ihre jetzige gibt.

## Neue Menschen

*Epheser 4,22-24*

*Deshalb sollt ihr euer altes Wesen und eure frühere Lebensweise ablegen, die durch und durch verdorben war und euch durch trügerische Leidenschaften zugrunde richtete. Lasst euch stattdessen einen neuen Geist und ein verändertes Denken geben. Als neue Menschen, geschaffen nach dem Ebenbild Gottes und zur Gerechtigkeit, Heiligkeit und Wahrheit berufen, sollt ihr auch ein neues Wesen annehmen.*

In dem Moment, in dem wir uns für Jesus Christus entscheiden, werden wir »wiedergeboren«. Wir bekommen ein neues Wesen und ein neues Herz. Obwohl wir innerlich neu gemacht worden sind, sagt Paulus, dass wir dieses neue Wesen auch äußerlich täglich anlegen müssen – wie Kleider, die wir anziehen. Wir müssen uns immer wieder für das Gute entscheiden und unser altes Leben wie alte Kleider ablegen. Es wäre tragisch, zwar innerlich ein neuer Mensch durch Jesus zu sein, doch äußerlich am Alten hängen zu bleiben.

In Vers 22 sagt Paulus, dass wir unsere frühere Lebensweise ablegen und unsere alten Wege hinter uns lassen sollen. In Vers 24 sagt er, dass wir das neue Wesen annehmen sollen, das nach dem Ebenbild Gottes erschaffen wurde. Das mag einfach klingen, aber unsere persönliche Erfahrung zeigt, dass wir dabei häufig versagen. Deshalb finde ich Vers 23 so hilfreich, der als eine Brücke zwischen den Versen 22 und 24 gesehen werden kann. Wenn wir unser altes Wesen ablegen und unser neues Wesen anziehen wollen, dann müssen wir unsere Denkweise ständig erneuern. Das geschieht, indem wir uns mit der Bibel befassen und die darin enthaltenen Prinzipien verinnerlichen. Wir brauchen jeden Tag eine frische geistige und geistliche Haltung. Unsere Gedanken gehen unserem Handeln immer voraus;

deshalb müssen wir uns ein neues Denken aneignen, um entsprechend unserem neuen Wesen zu handeln.

Es ist sehr wichtig, dass wir diese drei Verse verstehen. Durch Jesus sind wir neue Menschen, aber unser altes Wesen versucht noch, uns zu beherrschen. Wir müssen ihm so oft wie nötig Einhalt gebieten, was mehrere Male täglich vorkommen kann. Es ist nicht so, dass wir uns einmal für Jesus Christus entscheiden und danach nie wieder in Versuchung geraten. Unsere Lebensreise als Christen muss täglich fortgesetzt werden und jede gute Entscheidung bringt uns dem guten Leben, das Gott für uns vorbereitet hat, einen Schritt näher.

Du musst dir kein schlechtes Gewissen machen, wenn du Versuchungen ausgesetzt bist, denn wir alle erleben Versuchungen. Bitte den Heiligen Geist, dass du die Machenschaften des Teufels schnell durchschauen und ihm widerstehen kannst, wenn er dich zu etwas Falschem verleiten will.

## Zu meidendes Verhalten

### *Epheser 4,25-28*

*Hört auf zu lügen und »sagt einander die Wahrheit«, weil wir aufeinander angewiesen sind. »Sündigt nicht, wenn ihr zornig seid«, und lasst die Sonne nicht über eurem Zorn untergehen. Gebt dem Teufel keine Möglichkeit, durch den Zorn Macht über euch zu gewinnen! Wer ein Dieb ist, soll aufhören zu stehlen. Er soll seine Hände zu ehrlicher Arbeit gebrauchen und dann anderen, die in Not sind, großzügig geben.*

Paulus erwähnte bestimmte Verhaltensweisen, die wir als Christen meiden sollen. Wir sollen einander die Wahrheit sagen und Unwahrheiten zurückweisen – ob sie nun in Form von Lügen, Halbwahrheiten oder Gerüchten an uns herangetragen werden. Der Teufel ist ein Lügner und er tischt uns gerne Lügen auf, entweder durch andere Menschen oder durch unsere eigenen Gedanken, die nicht mit dem Wort Gottes übereinstimmen.

Des Weiteren sollen wir uns nichts zuschulden kommen lassen, wenn wir wütend sind. Wut ist eine Emotion, die wir alle erleben. Unter anderem lässt sie uns wissen, dass wir ungerecht behandelt werden. Ist jemand unhöflich zu uns, mag sofort Wut in uns aufsteigen, aber wir können Selbstbeherrschung üben und entscheiden, wie wir mit dieser Wut umgehen wollen. Wir können entweder aus der Wut heraus handeln und Dinge sagen oder tun, die Gott nicht gefallen, oder wir können darauf vertrauen, dass Gott sich mit den Menschen befassen wird, die uns verletzt haben, statt uns an ihnen zu rächen. Schnelle Vergebungsbereitschaft ist das Gegenmittel für Wut. Ich empfehle Menschen häufig: »Tu dir selbst einen Gefallen und vergib.« Durch Vergebung legen wir diejenigen, die uns Schaden zugefügt haben, in Gottes Hände und vertrauen darauf, dass er sie schlussendlich zur Einsicht bringt.

Paulus weist uns an, nicht bis zum Sonnenuntergang an unserem Zorn festzuhalten. Oft braucht es etwas Zeit, Wut zu verarbeiten, und Paulus scheint das zu verstehen. Nur sollten wir unsere Wut nicht mit ins Bett nehmen, weil wir sonst am nächsten Tag wieder damit aufwachen. Diese Gedanken und Gefühle haben die ganze Nacht Zeit, um in unserer Seele Wurzeln zu schlagen, und je länger sie da bleiben, desto schwerer wird es, sie wieder auszureißen. Je schneller wir das Richtige tun, desto leichter ist es.

Wer wütend bleibt und sich dadurch zu Fehlverhalten verleiten lässt, der öffnet dem Teufel Tür und Tor. Eine Person, die ihre Wut nährt, gibt dem Teufel die Möglichkeit, das Fehlverhalten immer weiter zu verstärken. Ein Unrecht hebt das andere nicht auf. Wenn uns jemand falsch behandelt und wir dann zurückschlagen, löst es das Problem nicht. Uns Christen steht eine neue Lebensweise zur Verfügung: Wir können uns immer wieder für das Gute entscheiden, ganz gleich, wie uns dabei zumute ist. Gerade dann, wenn wir uns für das Gute entscheiden, obwohl es schwierig ist oder unfair erscheint, wachsen wir geistlich. Jede richtige Entscheidung ist ein weiterer Schritt auf unserer Reise hin zu geistlicher Reife.

Paulus erinnert uns daran, dass wir unserem alten Leben den Rücken kehren sollen. Ist jemand zum Beispiel ein Dieb gewesen, soll er nicht mehr stehlen. Seine Selbstsucht mag ihn weiter zum Diebstahl drängen, aber Paulus sagt, dass derjenige sich nun auf eine ehrliche Arbeit konzentrieren soll, damit er etwas hat, das er mit anderen teilen kann. Paulus sagt ihm nicht nur, dass er hart arbeiten soll, um sich selbst zu versorgen, sondern er lenkt die Aufmerksamkeit des ehemaligen Diebes auf ein neues Ziel – weg von Selbstsucht und hin zum Teilen. Ein sündhaftes Leben ist ein selbstsüchtiges Leben; es ist erfüllt von selbstsüchtigen Gedanken und Verhaltensweisen. Doch wir überwinden das Böse durch das Gute (siehe Römer 12,21).

Wer durch Jesus zu einem neuen Menschen gemacht wurde, der muss sich gar nicht in erster Linie darauf konzentrieren, mit dem Falschen aufzuhören. Vielmehr sollte er sich darum bemühen, das Richtige zu tun. Tut man das Gute, so hat das Schlechte keinen Raum mehr. Entwickelt man neue Gewohnheiten, dann gibt es keinen Platz mehr für die alten.

## Den Heiligen Geist nicht betrüben

*Epheser 4,29-32*

*Verzichtet auf schlechtes Gerede, sondern was ihr redet, soll für andere gut und aufbauend sein, damit sie im Glauben ermutigt werden. Achtet darauf, den Heiligen Geist nicht durch euer Verhalten zu betrüben. Denkt vielmehr daran, dass ihr sein Siegel tragt und dadurch die Gewissheit habt, dass der Tag der Erlösung kommen wird. Befreit euch von Bitterkeit und Wut, von Ärger, harten Worten und übler Nachrede sowie jeder Art von Bosheit. Seid stattdessen freundlich und mitfühlend zueinander und vergebt euch gegenseitig, wie auch Gott euch durch Christus vergeben hat.*

Jetzt kommen wir auf ein Thema zu sprechen, das mir sehr am Herzen liegt, weil ich es für äußerst wichtig halte: die Worte, die wir sagen. Mit Gottes Hilfe sollen wir Disziplin und Selbstbeherrschung üben und nicht zulassen, dass Schlechtes oder Wertloses aus unserem Mund kommt. Wir sollen Worte sprechen, die andere aufbauen und ermutigen. Auch hier gilt: Wenn wir uns darauf konzentrieren, Gutes zu sagen, hat schlechtes Gerede keinen Raum mehr. Allerdings kann laut Jakobus 3,6 und 8 niemand ohne Gottes Hilfe die Zunge im Zaum halten, denn die Zunge ist wie eine Flamme, die vom Feuer der Hölle entzündet wird und alles in ihrer Umgebung in Brand steckt.

Der Teufel ist derjenige, der uns dazu provoziert, nutzlose und schädliche Worte von uns zu geben. Er tut das, damit unsere Worte sowohl andere Menschen als auch uns selbst verletzen. Nicht nur andere hören unsere Worte; auch wir hören sie. Im Englischen gibt es dazu eine passende Redewendung: »Seine eigenen Worte essen müssen« – das heißt zurücknehmen müssen, was man gesagt hat. Ich glaube, dass diese Redewendung auf den Bibelvers zurückgeht: *Tod und Leben steht in der Gewalt der Zunge, und wer sie liebt, der wird ihre Frucht essen* (Sprüche 18,21; SLT).

Worte sind wie kleine Kraftbehälter und wir können entscheiden, ob sie mit negativer, schädlicher Kraft oder mit positiver, belebender, aufbauender Kraft gefüllt sind. Unsere Worte mit Bedacht zu wählen, ist sehr wichtig. Haben Worte erst einmal unseren Mund verlassen und sind in die Atmosphäre hinausgegangen, können wir sie nicht wieder einfangen. Sie arbeiten entweder für oder gegen uns, wie auch im Leben anderer Menschen. Worte zu bereuen, macht ihren Schaden nicht unbedingt wieder gut. Ich kann mich bei jemandem entschuldigen, den ich verletzt habe, aber verletzende Worte bleiben oft an einer Person haften und tun weiter ihr böses Werk.

Es ist wirklich ernüchternd, dass unsere falschen Worte den Heiligen Geist traurig machen können. Er ist derjenige, der für unsere Sicherheit sorgt, bis unsere Zeit auf der Erde beendet ist und wir vollständig von den Folgen der Sünde befreit werden. Er hilft uns in unserem Alltag und bringt uns bei, mit Gott zu leben. Dass wir durch unsere Worte den Heiligen Geist betrüben können, ist schon Grund genug, das Thema ernst zu nehmen.

Ich glaube, wenn wir den Heiligen Geist betrüben, dann fühlen auch wir uns traurig, weil er in uns lebt. Nur bringen wir unsere Traurigkeit oder sogar Depression nicht unbedingt mit unseren Worten in Verbindung. Meist reagieren wir auf Probleme, indem wir die Schuld bei etwas oder jemand anderem suchen. Doch manchmal verursachen wir unsere eigenen Probleme. Das nächste Mal, wenn du dich tief im Innern traurig oder deprimiert fühlst, überleg einmal, welche Worte dir durch den Kopf gegangen oder aus deinem Mund gekommen sind. Falsche Gedanken oder ungute, wertlose Worte sind zwar nicht immer die Ursache eines Problems, aber es ist es wert, das zu untersuchen.

Es gibt noch andere Dinge, die den Heiligen Geist traurig

machen, einschließlich Bitterkeit, Wut, Groll, Streit, Kritiksucht und übler Nachrede. Das sind Praktiken, die man als Christ vermeiden sollte. Leider ist das nicht immer der Fall. Viel zu viele verärgerte Christen haben wiederholt gehört, dass sie denen vergeben sollen, die sie verletzt haben, folgen diesem Rat aber immer noch nicht.

Es herrscht eine Fülle an Klatsch und Tratsch, Kritiksucht, Streit und Verleumdung, nicht nur in der Welt sondern auch in unseren Gemeinden – obwohl die Gemeinde eigentlich der letzte Ort sein sollte, wo man so einem Verhalten begegnet. Von Nichtchristen würde man ein derartiges Fehlverhalten erwarten, aber unter Gottes Kindern dürfte es eigentlich nicht zu finden sein. Paulus sagt, dass wir dieses Verhalten ablegen und stattdessen freundlich und hilfsbereit miteinander umgehen sollen. Wir sollen anderen so bereitwillig und großzügig vergeben, wie Gott uns vergeben hat.

Lasst uns diese Sache – den Heiligen Geist nicht zu betrüben – sehr ernst nehmen. Mir erscheint es in der Tat eine sehr ernste Sache zu sein. Ich finde es interessant, dass Gott von allen Sünden besonders die zwischenmenschlichen hervorhebt. Er liebt Menschen und er möchte, dass wir seine Liebe in unserem Umgang miteinander zum Ausdruck bringen. Es ist unerlässlich, dass wir anderen Liebe erweisen und ihnen das Gefühl vermitteln: »Du bist wertvoll.« Wenn ich jemandem ein freundliches Wort sage, höre ich oft: »Du hast mir gerade den Tag gerettet!« Das zeigt, wie hungrig Menschen nach aufbauenden, ermutigenden Worten sind. Mehr zu diesem Thema gibt es in meinem Buch *Ich und meine große Klappe.*

Der Heilige Geist ist jemand, der Menschen ermutigt. Er bringt Hoffnung und heilt verletzte Seelen. Wir sollten mit ihm zusammenarbeiten, nicht gegen ihn. Als der Prophet Jesaja im Tempel mit einem Mal von der Gegenwart Gottes umgeben war, rief er aus: *»Mir wird es furchtbar ergehen, denn ich bin ein Mann mit unreinen Lippen«* (siehe Jesaja 6,4-5). Daraufhin berührte ein Engel seinen Mund. Seine Sünden wurden ihm vergeben und Gott benutzte ihn mächtig (siehe Jesaja 6,6-7). Wir wollen unsere Münder Gott zur Verfügung stellen.

Ich bin dankbar für die Lehren der Propheten und Apostel zu diesem Thema, die sich durch die ganze Bibel ziehen. Ich bete für mich selbst und für dich, dass wir den Heiligen Geist mit unseren Worten und Taten nicht betrüben.

KAPITEL 10

# Jesus ähnlich sein

# Gottes Beispiel folgen

## *Epheser 5,1-2*

*Folgt in allem Gottes Beispiel, denn ihr seid seine geliebten Kinder. Euer Leben soll von Liebe geprägt sein, wie auch Christus uns geliebt hat, denn er hat sich selbst als Gabe und Opfer für unsere Sünden gegeben. Und Gott hatte Gefallen an diesem Opfer, das wie ein wohlriechender Duft zu ihm aufstieg.*

Wann immer einem Vater gesagt wird, dass sein Kind ihm ähnlich sieht oder es eine ähnliche Stärke hat wie er, freut er sich. Bestimmt geht es unserem Vater im Himmel nicht anders. Paulus ruft uns zum höchsten Maßstab in der Welt auf, wenn er sagt, dass wir in allem Gottes Beispiel folgen sollen. In allem – in unseren Gedanken, unserem Reden und unserem Verhalten – soll die Reinheit und Heiligkeit Gottes unser Vorbild sein. Durch einen gottgefälligen Lebensstil können wir unsere Liebe und Wertschätzung für ihn und dafür, dass er uns so reich beschenkt hat, zum Ausdruck bringen.

Gott möchte, dass wir so lieben, wie er liebt, und so vergeben, wie er vergibt. Die Liebesqualität, von der Paulus hier schreibt, erfordert Opfer. Genauso wie Jesus sich für uns aufgeopfert hat, sollen wir uns füreinander aufopfern. Gott mag uns auffordern, etwas zu tun, auf das wir eigentlich keine Lust haben, oder jemandem zu vergeben, der uns missbraucht oder ungerecht behandelt hat. Liebe kann kostspielig sein. Sie kann Zeit, Geld und Mühe kosten – oder Geduld, wenn ein anderer Mensch schwierig ist. Nicht jeder, den wir lieben sollen, ist leicht zu lieben. Aber wenn wir es als Opfer für Gott tun, freut er sich.

Opfer, die zu biblischen Zeiten auf einem Altar dargebracht wurden, erzeugten einen wohlriechenden Rauch, der, so glaubte man, zu dem angebeteten Gott aufstieg und ihm gefiel.

Paulus sagte den Ephesern, dass sie liebevoll miteinander umgehen sollten, so wie auch Jesus seine Liebe erwiesen hat, und dass sie einander vergeben sollten, so wie Gott ihnen vergeben hat. Ein solches Opfer steigt wie ein wohlriechender Duft zu ihm auf.

# Es soll keine Unmoral geben

## *Epheser 5,3-7*

*Weil ihr Gott gehört, soll es keine Unzucht, Unreinheit oder Habgier unter euch geben. Genauso unpassend für euch ist schmutziges, dummes und anzügliches Gerede; vielmehr sollt ihr Gott danken. Ihr könnt sicher sein, dass kein unzüchtiger, unreiner oder habgieriger Mensch je das Reich Christi und Gottes miterben wird. Denn ein Habgieriger ist nur ein Götzendiener, der weltliche Dinge anbetet. Lasst euch nicht von leeren Worten verführen! Der Zorn Gottes wird alle treffen, die ihm ungehorsam sind. Gebt euch also nicht mit ihnen ab.*

Paulus führt Verhaltensweisen auf, die wir vermeiden sollen, und ganz oben auf der Liste steht sexuelle Unmoral. Enthaltsamkeit war damals fast gänzlich unbekannt. Allein die Vorstellung, von einem jungen Mann zu erwarten, sexuell nicht aktiv zu sein, wäre als extrem streng und lächerlich empfunden worden. Männer hatten normalerweise eine Geliebte und es gab Tempelprostituierte, deren Einnahmen zur Instandhaltung des Tempels beitrugen. Teilweise waren die Tempelprostituierten gleichzeitig auch Priesterinnen.

Ein solcher Tempel wurde für die Liebesgöttin Aphrodite errichtet. Die Griechen waren die Ersten, die die Prostitution als rentables Geschäft einführten, und in Athen eröffneten sie Bordelle. Wenn wir die Kultur der Menschen verstehen, denen Paulus diese Inhalte über sexuelle Reinheit schrieb, können wir auch besser nachvollziehen, warum er das Thema so oft wiederholte. Den Korinthern schrieb er, dass sie vor Unzucht fliehen sollten (siehe 1. Korinther 6,18). Den Kolossern schrieb er, dass sie sexuelle Unreinheit »töten« sollten (siehe Kolosser 3,5;

SLT). Den Galatern schrieb er, dass Unzucht ein Werk der sündigen Natur ist (siehe Galater 5,16-21).

Zu Paulus' Zeiten waren Korruption und Unmoral aller Art an der Tagesordnung. Man könnte sagen, dass Jesus eine moralische Revolution in Gang setzte, die nichts weniger als ein Wunder war. Paulus sagte, dass Unmoral jeglicher Art – ob es sich dabei nun um unanständiges sexuelles Verhalten, Habgier oder schmutziges, dummes und anzügliches Gerede handelt – für Christen nicht angemessen sei. In der Schlachterbibel heißt es, dass solche Dinge »nicht einmal bei euch erwähnt werden« sollten (Vers 3). Paulus zufolge erben Menschen, die solche Sünden praktizieren, nichts im Reich Gottes. Das gilt zwar nicht für Christen, die ihre Sünden bereuen, doch schon für diejenigen, die diese Dinge dauerhaft und ohne Reue praktizieren. Wir müssen unbedingt begreifen, dass Gott uns aus einem gottlosen und unmoralischen Lebensstil herausgerufen hat, hinein in einen vorbildlichen Lebensstil, der Gott alle Ehre macht. Als Christen sollen wir die Sünde hassen und uns einem heiligen Leben verschreiben.

Irreführende Lehren waren zu Paulus' Zeiten weit verbreitet, genauso wie heute, und Paulus bat die Epheser eindringlich, sich nicht von leeren Worten verführen zu lassen. Eine dieser Irrlehren war der sogenannte Gnostizismus, der besagte: »Nur der Geist ist gut. Alles Materielle ist böse.« Für die Gnostiker hatte nur der Geist einen Wert. Alles andere, einschließlich des Körpers eines Menschen, war bedeutungslos. Einige Gnostiker schlossen daraus, dass es deshalb keine Rolle spielte, was Menschen mit ihrem Körper anstellten. Man konnte sich frei fühlen, jedem körperlichen Verlangen nachzugehen, ganz gleich, wie unrein es war. Der christliche Glaube hingegen zielt auf die Errettung und Heiligung des gesamten Menschen ab – Geist, Seele und Körper (siehe 1. Thessalonicher 5,23). Paulus sagte, dass Gott einen hohen Preis für uns bezahlt hat und wir ihn deshalb auch mit unserem Körper ehren sollen (siehe 1. Korinther 6,20). Das kostbare Blut von Jesus war der Preis, mit dem Gott uns erkauft hat.

Obwohl die Irrlehre des Gnostizismus von außerhalb der christlichen Gemeinde kam, gab es auch innerhalb der Gemeinde Menschen, die sie verbreiteten und damit die Gnade Gottes pervertierten. Sie glaubten, dass sie weiter sündigen sollten, damit Gott die Gelegenheit hatte, ihnen noch mehr Gnade zu schenken. Paulus konfrontierte diese irreführende Vorstellung, indem er darauf hinwies, wie töricht sie war (siehe Römer 6,1-2). Gnade, wie an anderer Stelle bereits erwähnt, ist nicht nur die unverdiente Gunst Gottes, sondern auch seine Kraft, die uns zu einer vorbildlichen Lebensweise verhilft. Gnade ist ein erstaunliches und wunderbares Geschenk, geht aber auch mit einer Verantwortung einher. Gottes Gnade vergibt unsere Sünden, aber wir müssen uns auch Mühe geben, so gut zu leben wie möglich. Das ist unsere Verantwortung.

Ich wurde einmal gefragt, ob man aktiv in kriminelle Aktivitäten verwickelt sein kann, Gott einen aber weiterhin segnet und Erfolg schenkt, weil man von Gnade bedeckt ist. Die Frage machte mich traurig und ich war verwundert, dass sie überhaupt jemand stellte. Doch so wirkt sich eine Täuschung auf das Denken von Menschen aus, wenn sie nicht entlarvt wird. Menschen können nach und nach einem Irrglauben verfallen, sodass sie völlig unvernünftige Dinge tun, aber meinen, an ihrem Verhalten sei nichts auszusetzen. Wir alle sollten beten, dass wir uns nicht täuschen lassen (siehe Matthäus 24,4).

Paulus sagte, dass wir mit derart unmoralischen Menschen keine gemeinsame Sache machen und uns auch nicht mit ihnen abgeben sollen. In der Gesellschaft können wir zwar nicht jedem, der in Böses verwickelt ist, aus dem Weg gehen, sonst müssten wir ganz aus der Welt verschwinden, aber wir sollten keine gemeinsame Sache mit ihnen machen oder uns vielleicht sogar etwas von ihnen abgucken (siehe 1. Korinther 5,9-11).

Ich glaube, dass Menschen, die in Sünde leben, den Einfluss

vorbildlicher Christen brauchen. Also empfehle ich nicht, sie ganz zu meiden. Aber bei unserem Umgang mit ihnen müssen wir darauf achten, dass wir einen positiven Einfluss auf sie ausüben, statt uns von ihren sündhaften und irreführenden Ideen infizieren zu lassen.

## Zur persönlichen Vertiefung

Hast du Freunde oder Bekannte, die keinen guten Einfluss auf dich ausüben?

## Im Licht leben

### *Epheser 5,8-13*

*Auch wenn es früher in euch finster war, seid ihr jetzt vom Licht des Herrn erfüllt; deshalb lebt nun auch als Kinder des Lichts! Denn dieses Licht in euch bringt lauter Güte, Gerechtigkeit und Wahrheit hervor. Findet heraus, was dem Herrn Freude macht. Beteiligt euch nicht an den nutzlosen Taten der Finsternis, sondern deckt sie vielmehr auf. Es ist beschämend, auch nur davon zu reden, was gottlose Menschen im Verborgenen treiben. Doch wenn das Licht darauf fällt, wird alles sichtbar werden.*

Paulus erinnert die gläubigen Nichtjuden daran, dass sie einst von Finsternis erfüllt waren und an all den aufgeführten bösen Praktiken teilgenommen hatten, nun aber neue Menschen sind, erfüllt mit Licht und dazu berufen, im Licht zu leben. Jesus selbst ist das Licht (siehe Johannes 8,12).

Das Licht ist voller Güte und Wahrheit des Wortes Gottes. Wo Licht einen dunklen Ort erhellt, da wird das, was einst verborgen war, sichtbar. Je mehr wir im Licht der Wahrheit Gottes leben, umso mehr wird Böses aufgedeckt, und wir sehen die Dinge anders als zuvor. Das Gute wird zu unserem Hauptanliegen und wir wollen in allem Gott gefallen. Wir machen zwar noch Fehler – sogar häufig –, aber solange unsere Herzenshaltung richtig ist, arbeitet Gott mit uns zusammen und macht uns allmählich Jesus immer ähnlicher (siehe 2. Korinther 3,18).

Wir können durch unsere Erfahrung lernen, was Gott gefällt und was nicht. Der Heilige Geist lebt in uns und weist uns auf unser Fehlverhalten hin, damit wir wissen, was wir tun oder lieber nicht tun sollten. Solche Hinweise kommen unter anderem durch eine gewisse Unbehaglichkeit, die zeigt, dass wir gerade nicht das Richtige tun. Je länger wir auf dem falschen

Verhalten beharren, desto weniger sind wir in der Lage, Gottes Frieden und Freude zu erleben. Die Bibel empfiehlt uns, dass wir uns am Frieden orientieren sollen. Das heißt, wenn innerer Friede fehlt, täten wir gut daran, unser Handeln zu hinterfragen (siehe Kolosser 3,15; Hebräer 12,14).

Ich schätze das Wirken des Heiligen Geistes in meinem Leben sehr, weil es mir Schutz bietet. Er macht mich auf Sünde aufmerksam, vor der ich mich in Acht nehmen muss, und das bewahrt mich – solange ich auf ihn höre. Sobald der Heilige Geist mich auf irgendein Fehlverhalten hinweist, möchte er, dass ich mich davon abwende und mich für einen gottgefälligen Lebensstil entscheide.

## Zur persönlichen Vertiefung

Tust du derzeit etwas, bei dem du keinen inneren Frieden hast?

# Nicht gedankenlos handeln

*Epheser 5,14-21*

*Was aber sichtbar wird, wird nun auch Licht. Deshalb heißt es: »Wach auf, du Schläfer, steh von den Toten auf, dann wird Christus dir aufleuchten.« Achtet sorgfältig darauf, wie ihr lebt; handelt nicht unklug, sondern bemüht euch, weise zu sein. Nutzt jede Gelegenheit, in diesen üblen Zeiten Gutes zu tun. Handelt nicht gedankenlos, sondern versucht zu begreifen, was der Herr von euch will. Betrinkt euch nicht mit Wein; sonst ruiniert ihr damit euer Leben. Lasst euch stattdessen vom Heiligen Geist erfüllen. Singt miteinander Psalmen und Lobgesänge und geistliche Lieder, und in euren Herzen wird Musik sein zum Lob Gottes. Und dankt Gott, dem Vater, zu jeder Zeit für alles im Namen unseres Herrn Jesus Christus. Ordnet euch aus Achtung vor Christus bereitwillig einander unter.*

In diesen Versen spricht Paulus ein sehr wichtiges Thema an, nämlich unsere Zeit optimal zu nutzen. Wir sollten aus jedem Tag das Beste machen und zielgerichtet leben, nicht gedankenlos die Zeit vertrödeln. Ich habe ein ganzes Buch zu diesem Thema geschrieben (*Der Tag gehört dir: … Mach das Beste draus!*), weil es so leicht ist, nicht nur Zeit zu verschwenden, sondern ein ganzes Leben.

Junge Menschen haben oft das Gefühl, sie hätten alle Zeit der Welt. Ich erinnere mich daran, wie ich die Zeit jahrelang als selbstverständlich hinnahm, bis mir eines Tages klar wurde, dass ich bereits mindestens zwei Drittel meines Lebens hinter mir hatte. Da nahm ich es viel ernster, die mir noch verbleibende Zeit zu nutzen. Keine Zeit zu vergeuden, heißt nicht, dass wir jede Sekunde mit Aktivität füllen müssen, aber es heißt schon, dass wir vorausplanen und unsere Zeit weise einsetzen. Wir sollten keine »schläfrigen« Christen sein, sondern wach und aufmerksam, Menschen, die sorgfältig und zielgerichtet leben.

Paulus sagt uns, dass wir jede Gelegenheit ergreifen sollen, um Gutes zu tun, weil wir in üblen Zeiten leben. Wir sollen nicht gedankenlos handeln, sondern versuchen zu begreifen, was Gott von uns will – und es dann so gut wie möglich tun. Ich möchte dich ermutigen, keinen weiteren Tag mehr damit zu vergeuden, aus irgendeinem Grund wütend zu sein. Verschwende deine Zeit nicht mit Neid, Habsucht, sündigen Verhaltensweisen oder Dingen, die dich unglücklich machen. Schüttle die Finsternis ab und lebe ganz in Gottes Licht. Lass dich vom Heiligen Geist in das bestmögliche Leben hineinführen.

Es macht mich zutiefst traurig, wenn ich einen älteren Menschen sehe, der kurz vor seinem Tod zu der Erkenntnis gelangt, dass er sein ganzes Leben vergeudet hat und ihm nichts geblieben ist als Reue. Bestimmt kennen wir alle solche Menschen. Deshalb wollen wir darauf achten, dass uns nicht dasselbe widerfährt.

Zur griechischen Kultur gehörten heidnische Zusammenkünfte, die als »Symposium« bekannt waren. Das waren Partys, bei denen die Menschen aßen, Lieder sangen, verschiedenste Themen diskutierten und sich betranken. Paulus ermahnte seine Leser, dass ihre eigenen Zusammenkünfte nicht zu ähnlichen Gelagen ausarten, sondern mit dem Heiligen Geist erfüllt sein sollten. Die Christen sollten Lobgesänge zum Herrn singen, sich in Dankbarkeit üben und Gespräche mit guten Inhalten führen. Es ist möglich, dass viele seiner Leser früher auf solchen Partys gewesen waren und diese genossen hatten. Vielleicht vermissten sie die Ausschweifungen. Doch Paulus betonte, dass Gott sie zu einer anderen Art von Zusammenkunft einlud, einer, die sich lohnte und die keine Verschwendung war. Gott gönnt uns Spaß, aber es muss ein Spaß sein, der uns auch wirklich guttut.

Sich zu betrinken, ist definitiv eine Zeitverschwendung. Normalerweise fühlt man sich hinterher schlechter als vorher. Mit dem Heiligen Geist erfüllt zu sein, während man sich Gutem widmet, macht hingegen nicht nur Spaß, sondern bringt auch dauerhafte Vorteile. Wähle mit Bedacht, was du mit deiner Zeit anfängst.

Wenn Christen sich beklagen, dass sie nicht genug Zeit haben, sagen sie häufig, dass sie keine Zeit fürs Bibelstudium oder zum Beten haben. Doch in Wahrheit finden wir Zeit für das, was uns am wichtigsten ist. Steht Gott in unserem Leben an erster Stelle? Dann geben wir ihm in unserem Terminkalender den Vorrang und dann befähigt er uns, all unsere anderen Aufgaben zu bewältigen. Eins ist sicher: Die meisten Menschen sind heutzutage sehr beschäftigt. Doch Gott hat uns nicht beauftragt, beschäftigt zu sein, sondern fruchtbar zu sein. Wir können vom Tagesanbruch bis zum Schlafengehen ununterbrochen beschäftigt sein und doch keine gute Frucht tragen, weil das, was wir tun, nutzlos ist und nur unsere Zeit auffrisst.

Wir brauchen Ruhe, Arbeit, Spiel, Anbetung und Unterhaltung, um ein ausgewogenes Leben zu führen. Wichtig ist, dass wir unser Leben als Ganzes betrachten und sagen können: »Im Großen und Ganzen befinde ich mich im Willen Gottes und erfülle meine Aufgaben, statt mein Leben zu verschwenden.«

Gott hat uns einen freien Willen gegeben und jedem von uns ist eine bestimmte Zeitspanne zugeteilt. Was wir mit dieser Zeitspanne tun, ist unsere Entscheidung. Der freie Wille ist sowohl eine riesige Verantwortung als auch ein Vorrecht. Unsere Entscheidungen sagen viel über uns und unseren Charakter aus. Jeder Tag ist ein Geschenk Gottes und wir haben die Gelegenheit, ihn entweder wertzuschätzen oder zu verschwenden. Oft leben wir so, als gäbe es kein Morgen, und doch wird es ihn geben. Wenn wir mit dem Heute nicht zufrieden sind, liegt das vielleicht an den schlechten Entscheidungen von gestern. Wir können uns von schlechten Entscheidungen erholen, indem wir sofort damit beginnen, gute zu treffen.

Gott möchte, dass wir zielgerichtet leben, und es gibt keine bessere Zeit als die Gegenwart, um damit anzufangen. Los geht's.

## Zur persönlichen Vertiefung

Hast du den Eindruck, dass du den Großteil deiner Zeit sinnvoll nutzt? Oder fragst du dich abends oft, warum du nicht das geschafft hast, was du eigentlich schaffen wolltest?

KAPITEL 11

# Die christliche Familie und der Umgang mit Autorität

## Die christliche Ehe

*Epheser 5,22-33*

*Ihr Ehefrauen sollt euch euren Männern unterordnen, so wie ihr euch dem Herrn unterordnet. Denn der Mann ist das Haupt seiner Frau, wie Christus das Haupt seines Leibes – der Gemeinde – ist, für die er sein Leben gab, um sie zu retten. So wie die Gemeinde sich Christus unterordnet, sollt ihr Ehefrauen euch auch euren Männern in allem unterordnen. Und ihr Ehemänner, liebt eure Frauen mit derselben Liebe, mit der auch Christus die Gemeinde geliebt hat. Er gab sein Leben für sie, damit sie befreit von Schuld ganz ihm gehört, rein gewaschen durch die Taufe und Gottes Wort. Er tat dies, um sie als herrliche Gemeinde vor sich hinzustellen, ohne Flecken und Runzeln oder dergleichen, sondern heilig und makellos. Genauso müssen auch die Ehemänner ihre Frauen lieben, wie sie ihren eigenen Körper lieben. Denn ein Mann liebt auch sich selbst, wenn er seine Frau liebt. Niemand hasst doch seinen eigenen Körper, sondern sorgt liebevoll für ihn, wie auch Christus für seinen Leib, also für die Gemeinde, sorgt. Und wir gehören zu seinem Leib. In der Schrift heißt es: »Deshalb wird ein Mann Vater und Mutter verlassen und sich an seine Frau binden und die beiden werden zu einer Einheit.« Das ist ein großes Geheimnis, aber ich deute es als ein Bild für die Einheit von Christus und der Gemeinde. Deshalb sage ich noch einmal, dass jeder Ehemann seine Frau so lieben soll, wie er sich selbst liebt, und dass die Ehefrau ihren Mann achten und respektieren soll.*

Nun richtet Paulus seine Aufmerksamkeit auf die christliche Familie und darauf, welche Funktion jedes einzelne Familienmitglied im Zusammenspiel mit den anderen hat. Epheser 5,21 enthält die Aufforderung, dass wir uns aus Achtung vor Jesus bereitwillig einander unterordnen sollen. Dieser eine Satz gibt den Ton für alles andere an, was Paulus dazu sagen möchte.

In unserem Studium des Epheserbriefes kommen wir nun zu Versen, die in der Vergangenheit teilweise missbraucht wurden: Eine Ehefrau soll sich ihrem Mann unterordnen, so wie sie sich dem Herrn unterordnet, weil er das Haupt seiner Frau und seiner ganzen Familie ist, so wie Jesus das Haupt der Gemeinde ist.

Schauen wir uns einmal die kulturelle Situation der Zeit an, in der Paulus diesen Brief schrieb. In den Augen vieler jüdischer Männer hatten Frauen kein hohes Ansehen. Ein Teil des Morgengebets, das jüdische Männer sprachen, lautete: »Herr, ich danke dir, dass ich kein Heide, kein Sklave und keine Frau bin.« Zu Paulus' Zeiten hatten Frauen keine Rechte und galten als Besitztum ihrer Ehemänner. Aus diesem Grund wurden Frauen häufig misshandelt und ausgenutzt. Bestimmt reagierten viele Frauen damals – genau wie heute – eher zögerlich und vielleicht sogar frustriert, als Paulus ihnen sagte, dass sie sich ihren Männern unterordnen sollen. Doch Paulus' Anweisungen waren sehr ausgewogen, denn er richtete sich auch an die Männer.

Gott fordert Frauen auf, sich der Leitung ihrer Männer unterzuordnen, aber Ehemänner haben die Verantwortung, ihre Frauen so zu lieben, wie Christus die Gemeinde liebt. Ist es nicht erstaunlich, dass Gott die Beziehung zwischen Mann und Frau mit der Beziehung von Jesus zu seiner Gemeinde vergleicht?

Ein Ehemann soll seine Frau umsorgen, sich um ihr Wohl kümmern und sie so lieben, wie er seinen eigenen Körper liebt. Diese Art von Liebe würde jeden Egoismus auslöschen. In 1. Mose 2,24 lesen wir: Wenn ein Mann sich an seine Frau bindet, dann werden die beiden zu einer Einheit. Paulus sagt, dass das ein großes Geheimnis ist, und er deutet das als ein Bild für die Einheit von Jesus und der Gemeinde.

In meiner Bibel gibt es bei Epheser 5,22 eine Fußnote, die besagt: »Die Ehefrau sollte sich ihrem Ehemann unterordnen, nicht Männern im Allgemeinen, und nicht als jemand Minderwertiges oder unter Verletzung christlicher Ethik, sondern um ihren Mann als Beschützer und Haupt der Familie zu ehren und die Verantwortlichkeit seiner Stellung zu respektieren, die er vor Gott hat.«

Wie wir wissen, ist die Vorstellung, dass eine Frau sich ihrem Mann unterordnen soll, heute nicht besonders populär, und dafür gibt es viele Gründe. Paulus scheint eine perfekte Ehe zu beschreiben. Wir können leicht erkennen, wie schön diese wäre und wie bereitwillig beide Partner sich dem anderen dann hingeben würden. Von dieser Perfektion sind wir jedoch weit entfernt; das Ideal wurde untergraben, sowohl durch Rebellion seitens der Frau als auch durch Missbrauch vonseiten des Mannes.

Eine christliche Frau, die sich nach der Bibel richtet, wird Gott in diesem Bereich gehorchen wollen und sie sollte sich auch wirklich darum bemühen. Sie ist aber nicht dazu aufgerufen, sich etwas zu fügen, das ihrem Gewissen oder christlichen Prinzipien widerspricht. Männer haben genauso eine Verantwortung, die Paulus ganz klar benennt. Die entscheidende Frage ist: »Was soll ich tun, wenn ich bereit bin, meinen Teil zu erfüllen, aber mein Ehepartner seinen Teil nicht erfüllen will?« Soll eine Frau sich ihrem Mann unterordnen, wenn dieser egoistisch ist und immer nur an sich denkt, statt sie zu ehren und zu fördern? Andersherum: Soll ein Mann seine Frau wie seinen eigenen Körper lieben und sich für sie aufopfern, wenn sie ihn nicht respektiert und seine Autorität nicht ehrt?

Das Fehlverhalten des einen befreit den anderen nie von seiner eigenen Verantwortung. Jeder ist selbst dafür verantwortlich, ein gottgefälliges Leben zu führen, und sollte sein

Möglichstes tun. In Ehen kann es viele verschiedene Situationen geben und ich kann in diesem Buch nicht auf jedes Eheproblem eingehen. Ich möchte allerdings jeden ermutigen, sein Bestes zu tun, und zwar so, als würde man es für Gott tun. Ich vertraue darauf, dass Gott jeden Einzelnen in seiner spezifischen Situation führen wird.

Der Hauptpunkt ist, dass Gott sich Ordnung und Frieden in unseren Familien wünscht. Wo der Friede fehlt, da müssen wir Gott um Lösungen bitten, um ihn wiederherzustellen.

## Zur persönlichen Vertiefung

Herrscht bei dir zu Hause Frieden und tust du deinen Teil, um den Anweisungen im Epheserbrief in deiner Ehe Folge zu leisten?

# Eltern und Kinder

## *Epheser 6,1-4*

*Ihr Kinder sollt euren Eltern gehorchen, weil ihr dem Herrn gehört, denn so handelt ihr richtig. »Ihr sollt Vater und Mutter ehren.« Das ist das erste der Gebote, an das eine Zusage Gottes geknüpft ist: Wenn du deinen Vater und deine Mutter ehrst, »wird es dir gut gehen und du wirst ein langes Leben haben.« Und ihr Väter, seid nicht ungerecht gegen eure Kinder. Erzieht sie vielmehr mit Disziplin und zeigt ihnen den richtigen Weg, so wie es Christus entspricht.*

Epheser 6 mag am besten für das anschauliche Bild der »Waffenrüstung« Gottes bekannt sein, die wir anlegen sollen, um gegen den Teufel zu kämpfen. Bevor Paulus darauf zu sprechen kommt, fährt er jedoch erst mit seinen Anweisungen für Familienbeziehungen fort, die er in Kapitel 5 begonnen hat, wo es um die Ehebeziehung ging. Jetzt wendet er sich der Beziehung zwischen Kindern und Eltern zu. Auch hier stellen wir fest, dass sich seine Anweisungen an beide Parteien richten. Kinder sollen ihren Eltern gehorchen und sie respektieren, weil es gut und richtig ist. Mehr noch, es ist Teil der Zehn Gebote, die Gott Mose gab (siehe 2. Mose 20,12). Es handelt sich dabei um das erste Gebot, an das eine Zusage geknüpft ist, nämlich dass es Kindern gut gehen und sie ein langes Leben haben werden, wenn sie ihre Eltern ehren.

Nicht jeder hat gute Erfahrungen mit seinen Eltern gemacht. Vater und Mutter zu ehren, kann für manche Menschen sehr schwer sein. Doch das entschuldigt niemanden, dieser Bibelstelle nicht Folge zu leisten. Auch wenn es herausfordernd ist, unsere Eltern zu ehren, sollten wir eine so gute Beziehung wie möglich zu ihnen haben – basierend auf unserer Liebe zu Gott und aus Respekt vor seinem Wort.

Ich kann die Beziehung zu meinen eigenen Eltern als Beispiel nehmen. Sie hatten mich all die Jahre, in denen ich aufwuchs, nicht gut behandelt, ja sogar missbraucht. Doch als sie ins Rentenalter kamen, brauchten sie Hilfe, und ich wusste in meinem Herzen, dass ich diese Verantwortung übernehmen sollte. Eigentlich wollte ich meine Eltern lieber nicht ehren und mich nicht um sie kümmern. Es weckte keine Begeisterung in mir. Aber ich wusste, dass es richtig war. Ich tat es aus Liebe und Respekt vor Gott.

Auf der anderen Seite sollen aber auch Väter (Eltern) ihre Kinder nicht durch unzumutbare Forderungen wütend machen oder Bitterkeit erzeugen. Heute herrscht viel Rebellion unter jungen Leuten in der Schule und zu Hause, aber es gibt auch viele Eltern, die durch ihren Lebensstil kein gutes Vorbild für ihre Kinder sind. Mit anderen Worten, sie leben nicht auf eine Weise, die bei ihren Kindern Respekt hervorruft.

Der Apostel Jakobus schreibt, dass Streit und selbstsüchtiger Ehrgeiz zu Rebellion und »allen möglichen schlechten Taten« führen (siehe Jakobus 3,16). Denken wir nur einmal daran, wie viele Häuser heutzutage von Streit, Zank und hitzigen Auseinandersetzungen erfüllt sind. Das ist keine Atmosphäre, die gehorsame Kinder hervorbringt. Unsere Kinder brauchen Stabilität und ihnen müssen von klein auf gute Werte und Prinzipien beigebracht werden. Eltern lehren ihre Kinder nicht nur durch Worte, sondern auch durch ihr Verhalten. Es ist ganz wichtig, dass Kinder in ihren Eltern ein gutes Vorbild haben.

Ich möchte Eltern eindringlich bitten, sich nach Kräften zu bemühen, ein vorbildliches, liebevolles, friedliches Umfeld für ihre Kinder zu schaffen. Wenn Kinder zu Hause kein gutes Vorbild haben, fehlt ihnen dies möglicherweise ganz und gar.

Man kann wohl sagen, dass das Zuhause die Grundlage für alle anderen Gesellschaftsbereiche darstellt, also müssen geordnete Beziehungen zu Hause beginnen. Selbst wenn eine Eltern-Kind-Beziehung bereits stark geschädigt ist – es ist nicht zu spät, Wiederherstellung anzustreben und einen Neuanfang zu wagen. Das mag zwar Zeit und Mühe erfordern, lohnt sich aber, denn nichts ist erfüllender als gute Beziehungen, besonders in der Familie.

## Die Beziehung zu Autoritätspersonen

### *Epheser 6,5-9*

*Ihr Sklaven sollt euren irdischen Herren gehorchen. Achtet und ehrt sie und dient ihnen mit aufrichtigem Herzen, wie ihr Christus dient. Arbeitet hart, aber nicht nur, um euren Herren zu gefallen, wenn sie euch dabei sehen. Versteht euch vielmehr als Sklaven, die Christus gehören und die von Herzen den Willen Gottes erfüllen. Arbeitet so bereitwillig, als würdet ihr Gott dienen und nicht Menschen. Denkt daran, dass der Herr jeden von uns für das Gute belohnen wird, das wir tun, ob wir nun Sklaven sind oder frei. Und genauso sollt auch ihr Herren eure Sklaven behandeln. Droht ihnen nicht, sondern denkt immer daran, dass ihr beide denselben Herrn im Himmel habt, der keinen Menschen bevorzugt.*

Als Nächstes weist Paulus Sklaven an, dass sie ihren Herren gehorchen und sie achten sollen. Ich habe gelesen, dass es zu einem Zeitpunkt ungefähr sechzig Millionen Sklaven im Römischen Reich gab. Viele waren ursprünglich Kriegsgefangene, andere waren Kriminelle und einige wurden in die Sklaverei hineingeboren. Wieder andere waren sogenannte »Schuldknechte«. Sie hatten Schulden, die sie nicht abzahlen konnten, und deshalb mussten sie für ihren Schuldherrn arbeiten.

Nicht alle Sklaven wurden schlecht behandelt. Viele hatten eine hohe Stellung im Haushalt und wurden zu Vertrauenspersonen des Hausherrn. Es war nicht ungewöhnlich, dass solchen Sklaven die Freiheit geschenkt wurde, sie aber aus Liebe und Respekt für ihren Herrn in dessen Dienst blieben. Damals wurden Menschen ganz öffentlich und legal verkauft und gekauft. Gott sei Dank gibt es diese abscheuliche Praktik – zumindest in dieser Form – bei uns nicht mehr. Trotzdem können wir immer noch von Paulus' Anweisungen profitieren, denn die meisten von uns arbeiten entweder für einen Arbeitgeber oder wir haben Angestellte, die für uns arbeiten. Wir verkaufen unsere Arbeitskraft und jemand anders kauft sie. Bei diesem Austausch haben beide Parteien eine Verantwortung, die jeweils andere mit Respekt zu behandeln.

Paulus sagte den Herren (Arbeitgebern), dass sie die Arbeiter mit Würde und Freundlichkeit behandeln sollen. Paulus' Brief erinnert beide Parteien daran, dass sie sich vor demselben Herrn verantworten müssen und so leben sollten, dass sie ihm gefallen. Ein Arbeiter sollte hart arbeiten, aber nicht nur, um anderen Menschen zu gefallen, sondern um dem eigentlichen Herrn, Jesus Christus, zu dienen. Genauso sollte der Arbeitgeber daran denken, dass Gott niemanden bevorzugt (siehe auch Römer 2,11), sondern dass er gut zu allen ist. Wer die Menschen schlecht behandelt, über die er gesetzt ist, der muss sich vor Gott für den Missbrauch seiner Autorität verantworten.

Als Christen repräsentieren wir Jesus – sowohl am Arbeitsplatz wie auch zu Hause – und deshalb sollten wir uns nach christlichen Grundsätzen verhalten. Am Arbeitsplatz bieten sich viele Gelegenheiten, ein gutes Bild für Jesus abzugeben. Aus dem Grund ist es unerlässlich, dass unsere Einstellung angemessen für einen christlichen Arbeiter oder Arbeitgeber ist.

Nicht nur Autoritätspersonen haben Respekt verdient; jeder Mensch hat Respekt verdient. In Gottes Augen ist jeder von uns wertvoll und hat auf dieser Erde eine Aufgabe zu erfüllen. Niemand sollte abgewertet oder auf eine Weise behandelt werden, die ihm das Gefühl vermittelt, keinen Wert zu haben.

Der Arbeitsplatz bietet reichlich Gelegenheit, um Gottes Liebe zu vermitteln. Vielleicht haben unsere Kolleginnen oder Kollegen traumatische Dinge erlebt, die sie seelisch verletzt haben. Vielleicht sind sie krank und leiden an körperlichen Schmerzen oder sie sind einsam. Was sie brauchen, ist eine Berührung von Gott, und die kann durch uns geschehen. Ich möchte dich ermutigen, dich jeden Tag vor Arbeitsbeginn auf

Jesus Christus auszurichten und dich daran zu erinnern, dass du in Wirklichkeit für ihn arbeitest. Ob du nun ein Arbeitgeber oder Arbeitnehmer bist, dein Lohn wird von ihm kommen.

## Zur persönlichen Vertiefung

Falls du ein Arbeitgeber bist: Behandelst du deine Angestellten so, wie Paulus es beschreibt? Falls du ein Arbeitnehmer bist: Nimmst du deine Arbeit täglich mit einer christlichen Einstellung in Angriff, mit der Bereitschaft, hart zu arbeiten und deine Vorgesetzten zu respektieren – so, als würdest du direkt für Jesus arbeiten?

KAPITEL 12

# Geistlicher Kampf und ein siegreiches Leben

# Dem Teufel effektiv Widerstand leisten

*Epheser 6,10-17*

> *Noch ein Wort zum Schluss: Werdet stark durch den Herrn und durch die mächtige Kraft seiner Stärke! Legt die komplette Waffenrüstung Gottes an, damit ihr allen hinterhältigen Angriffen des Teufels widerstehen könnt. Denn wir kämpfen nicht gegen Menschen aus Fleisch und Blut, sondern gegen die bösen Mächte und Gewalten der unsichtbaren Welt, gegen jene Mächte der Finsternis, die diese Welt beherrschen, und gegen die bösen Geister in der Himmelswelt. Bedient euch der ganzen Waffenrüstung Gottes. Wenn es dann so weit ist, werdet ihr dem Bösen widerstehen können und noch aufrecht stehen, wenn ihr den Kampf gewonnen habt. Sorgt dafür, dass ihr fest steht, indem ihr euch mit dem Gürtel der Wahrheit und dem Panzer der Gerechtigkeit Gottes umgebt. Eure Füße sollen für die gute Botschaft eintreten, die den Frieden mit Gott verkündet. Setzt den Glauben als einen Schutzschild ein, um die feurigen Pfeile des Satans abzuwehren. Setzt den Helm eurer Rettung auf und nehmt das Wort Gottes, euer Schwert, das der Geist euch gibt.*

Zum Schluss seines Briefes will Paulus den Ephesern noch eine letzte wichtige Lektion mit auf den Weg geben. Sie ist heute noch genauso wichtig. Leider meiden viele Menschen dieses Thema, weil es ihnen unangenehm ist. Martyn Lloyd-Jones schrieb in seinem Buch *Der geistliche Kampf:* »Was die evangelikale Bewegung angeht, ist in diesem Jahrhundert meiner Meinung nach nichts so entscheidend wie die Tatsache, dass sie größtenteils die Lehre in Bezug auf die hinterhältigen Angriffe des Teufels und die Mächte und Gewalten der unsichtbaren

Welt ignoriert hat« (D. Martyn Lloyd-Jones: *The Christian Warfare*, Grand Rapids, MI: Baker Books, 1976, S. 98; dt. *Der geistliche Kampf: Leben als Christ*, Waldems-Esch: 3 L, 2006).

Wir werden unseren Feind nicht besiegen, indem wir den Kopf in den Sand stecken und ihn ignorieren. Wir müssen seine Strategien und Täuschungsmanöver kennen und begreifen, dass wir uns schützen können. Gott hat uns die nötige Ausrüstung dafür gegeben; wir müssen sie nur benutzen.

Paulus beginnt die Schlussworte des Briefes mit der Aufforderung: »Werdet stark durch den Herrn.« Seine Leser sollen wissen, dass sie Gottes Kraft brauchen. Nur durch die Einheit mit ihm empfangen sie die nötige Befähigung. Dasselbe gilt für uns. Aus uns heraus haben wir keine Kraft, um den Teufel zu besiegen. Aber Jesus hat ihn bereits besiegt und uns mit allem ausgerüstet, was wir brauchen, um dem Teufel täglich effektiv Widerstand zu leisten. Jesus kam in die Welt, um die Werke des Teufels zu zerstören (siehe 1. Johannes 3,8). Er hat uns den Sieg über unseren Feind gegeben und jetzt müssen wir darauf achten, dass wir ihn auch behalten.

Wir sollten uns jederzeit auf den Heiligen Geist stützen, um unsere Kämpfe mit dem Teufel zu bestreiten. Menschliche Kraft allein reicht nicht; wir brauchen geistliche Kraft, die wir nur durch eine enge, persönliche Beziehung zu Jesus erhalten. Im Namen Jesus steckt unermessliche Kraft. Paulus schreibt, dass vor dem Namen Jesus sich »die Knie aller beugen, die im Himmel und auf der Erde und unter der Erde sind« (siehe Philipper 2,10).

Gott hat uns auch eine Rüstung gegeben, mit der wir uns schützen können, und Paulus weist uns an, »die komplette Waffenrüstung Gottes« anzulegen (siehe Epheser 6,11). Wir legen sie im Glauben an, wobei wir auf jedes Teil der Waffenrüstung achtgeben müssen. Solange wir die komplette Waffenrüstung Gottes anhaben, können wir die Lügen und Angriffe des Teufels abwehren. Paulus spricht von »hinterhältigen« Angriffen. Das zeigt uns, dass der Teufel ausgeklügelte Pläne hat und entschlossen ist, uns in die Irre zu führen.

Normalerweise glauben wir, unsere Kämpfe im Leben richten sich gegen Menschen oder Umstände, doch Paulus sagt uns, dass das in Wirklichkeit nicht der Fall ist. Wir kämpfen nicht gegen Menschen aus Fleisch und Blut. Wir kämpfen nicht gegen das Sichtbare, sondern gegen Gewalten der unsichtbaren Welt. Unser Kampf richtet sich gegen böse Mächte, die diese Welt beherrschen und die hinter der Finsternis stehen, die wir erleben. Diese Finsternis zeigt sich in Bösem aller Art, im Unglücklichsein, im Mangel an Freude und Frieden. Sie durchdringt die Herzen der Menschen, die sich vom Teufel täuschen lassen, sodass sie unwissentlich als sein Zerstörungsinstrument benutzt werden können.

Paulus sagt ein zweites Mal, dass wir uns der ganzen Waffenrüstung Gottes bedienen sollen. Dann können wir dem Bösen widerstehen und noch aufrecht stehen, wenn der Kampf vorbei ist. Wir dürfen nicht erwarten, dass Gott alles für uns tut, denn Paulus sagt hier: »Sorgt dafür, dass ihr fest steht.« Wir müssen tun, was die Krisensituation erfordert.

Untätigkeit und Passivität erzeugen nur noch weitere Probleme, statt sie zu lösen. Wir sollten immer tun, was wir tun können, und Gottes Anweisungen folgen. Dadurch erlangen wir das große Vorrecht, an der Seite von Jesus standhaft zu bleiben und schließlich zu erleben, wie sich unser Glaube erfüllt. Solange wir tun, was wir tun können, wird Gott immer tun, was wir nicht tun können. Wir müssen unsere Stellung halten und uns durch nichts, was wir sehen oder fühlen, vom Fleck bewegen lassen. Allerdings müssen wir darauf achten, dass wir unsere Waffenrüstung tragen, und uns darüber im Klaren sein, dass der Teufel versuchen wird, sie uns wegzunehmen.

## Zur persönlichen Vertiefung

Ist dir beigebracht worden, die hinterhältigen Angriffe des Teufels abzuwehren? Weißt du, wer dein wahrer Feind ist?

Paulus spricht sechs konkrete Teile der Waffenrüstung an:

## *1. Der Gürtel der Wahrheit*

Gottes Wort – die Bibel – ist die Wahrheit. Alles, was nicht der Wahrheit entspricht, fällt in die Kategorie der Täuschung und der Lügen, die vom Teufel kommen. Paulus sagt, dass wir uns den Gürtel der Wahrheit umschnallen sollen. Das heißt, wenn wir vom Teufel angegriffen werden, müssen wir uns ganz fest an das klammern, was Gott in der Bibel sagt, und nicht von der Wahrheit abweichen. In Vers 14 steht wortwörtlich, dass wir unsere »Lenden umgürten« sollen. Da die Epheser verstanden, was damit gemeint war, wir aber nicht unbedingt, geben viele moderne Bibelübersetzungen es so wieder, dass wir uns den Gürtel der Wahrheit umlegen sollen.

Zu Paulus' Zeiten trugen die Menschen Tuniken, Umhänge oder Mäntel mit losen Enden. Wenn diejenigen, die so angezogen waren, mehr Bewegungsfreiheit für eine körperliche Aktivität brauchten, steckten sie die losen Enden in ihren Taillenbund (Gürtel). So ein Taillenbund war ungefähr fünfzehn Zentimeter breit und diente auch als eine Art Tasche, in der man persönliche Habseligkeiten unterbringen konnte. Die Kleidung in den Taillenbund zu stecken, gab Folgendes zu erkennen: Bereitschaft zur Arbeit, einem Sportwettbewerb oder einem anderen Dienst oder einer Pflichterfüllung.

Uns zu gürten heißt, dass wir Dinge festmachen und keine »losen Enden« herumflattern lassen. Paulus sagt den Ephesern, dass sie an der Wahrheit (Gottes Wort) festhalten und sie sich nicht vom Teufel entreißen lassen sollen.

Angriffe des Teufels zeigen sich in persönlichen Problemen, und je länger sie anhalten oder je häufiger sie vorkommen, desto zermürbender können sie für uns sein (siehe Daniel 7,25). Der Teufel will uns ermüden, aber Gott feuert uns an, an seinen Zusagen festzuhalten. Beispielsweise kann es vorkommen, dass ein Christ um ein nötiges Finanzwachstum betet, dann aber unerwartet seinen Arbeitsplatz verliert. Sein erster Gedanke könnte sein: *Das, was ich in der Bibel gelesen habe, ist nicht wahr – oder zumindest funktioniert es bei mir nicht.* Das ist der Moment, in dem sich derjenige den Gürtel der Wahrheit fest umschnallen und sich weigern muss, etwas zu glauben, das dem Wort Gottes widerspricht.

## Zur persönlichen Vertiefung

Hältst du an den biblischen Wahrheiten fest, wenn Probleme auftauchen, statt in deinem Glauben ins Wanken zu geraten?

## *2. Der Brustpanzer der Gerechtigkeit*

Wenn wir Angriffe erleben, versucht der Teufel uns einzureden, wir hätten uns unsere Probleme selbst zuzuschreiben. Mit der Absicht, dass wir uns von Gott verurteilt fühlen, steckt er uns eine lange Liste unserer Schwächen zu. In dem Fall müssen wir uns daran erinnern, dass wir durch den Glauben an Jesus Christus mit Gott versöhnt sind. Wie wir in den ersten Kapiteln des Epheserbriefes gelernt haben, sind wir von Gott geliebt, angenommen und wertgeschätzt, selbst wenn wir Fehler machen. Wir dürfen ein ruhiges Gewissen haben, da wir wissen, dass Gott uns gerecht gesprochen hat, und wir uns Mühe geben, demgemäß zu leben. Unser Verhalten wird nie ganz der Gerechtigkeit entsprechen, die wir durch Jesus in Gottes Augen haben, aber wir können beständig auf dieses Ziel hinarbeiten, indem wir nicht auf die Lügen des Teufels hereinfallen.

Wir müssen den Schuldgefühlen und der Verurteilung widerstehen, denn sie schwächen uns nur. Der Teufel ist unser Ankläger (siehe Offenbarung 12,10). Er greift unser Gewissen an, um uns das Gefühl zu vermitteln, dass Gott uns nicht lieben kann, weil wir zu schlecht sind. Wir können den Teufel nicht vom Lügen abhalten; er ist einfach ein Lügner. Er lügt und er ist der Vater der Lüge (siehe Johannes 8,44). Es liegt in seiner Natur zu lügen. Aber wenn wir den Panzer der Gerechtigkeit konsequent tragen, können wir uns vor dem Teufel und seinen Lügen schützen.

Als Jesus vom Teufel in der Wüste versuchte wurde (siehe Lukas 4,1-13), erkannte er die Lügen des Teufels und erwiderte: »Es steht geschrieben« – und dann zitierte er die Bibel. Das tat er wiederholt, bis der Teufel schließlich von ihm abließ und auf eine andere Gelegenheit wartete. Wenn der Teufel dich anlügt und infrage stellt, wer du durch Jesus bist, dann sei bereit, ihm Widerworte zu geben. Erinnere ihn an die biblischen Wahrheiten und halte daran fest.

## Zur persönlichen Vertiefung

Wie oft bringt der Teufel dich dazu, Zeit mit Schuldgefühlen und Verurteilung zu verschwenden?

## *3. Die Schuhe des Friedens*

Römische Soldaten trugen Schuhe, die mit besonderen Nägeln beschlagen waren, um ihnen auf dem Schlachtfeld mehr Standfestigkeit zu geben. Wortwörtlich schreibt Paulus, dass die Füße seiner Leser mit Frieden »gestiefelt« sein sollen, was sie vermutlich an die römischen Soldaten erinnerte. Doch bei diesem Bild schwingt noch viel mehr mit.

Gott möchte, dass wir im Frieden »wandeln«. Friedliche Menschen können die Ruhe bewahren und darin liegt sehr viel Kraft. Gott sagte den Israeliten, dass er im Kampf für sie kämpfen würde und dass sie »ganz ruhig« bleiben sollten (siehe 2. Mose 14,14). Unsere natürliche Reaktion auf Schwierigkeiten ist, dass wir die Ruhe verlieren, aber die Bibel fordert uns auf, unseren Frieden zu bewahren. Dadurch bringen wir zum Ausdruck, dass wir Gott vertrauen, und genau das möchte er von uns. Der Apostel Paulus sagte, dass wir Demut zeigen, indem wir all unsere Sorgen auf Gott werfen (siehe 1. Petrus 5,6-7). Wenn wir uns Sorgen machen, versuchen wir unsere Probleme mit rein menschlicher Anstrengung zu lösen, doch das hat noch nie funktioniert und wird auch nie funktionieren. Sorgenmachen hält uns auf Trab, ohne uns voranzubringen.

Der Teufel will uns aus der Ruhe bringen. Aber der Gott, dem wir dienen, ist weiser als der Teufel und er zeigt uns, wie wir in jeder Situation die Ruhe bewahren können. Der Teufel weiß: Ohne inneren Frieden werden wird irrational und treffen emotionale Entscheidungen, die nur noch mehr Probleme erzeugen.

Übe dich darin, in jeder Situation ruhig zu bleiben. Dadurch verliert der Teufel seinen Vorteil dir gegenüber. Vielleicht erinnerst du dich noch an Paulus' Anweisung, die Sonne nicht über unserem Zorn untergehen zu lassen, weil der Teufel sonst die Möglichkeit bekäme, durch den Zorn Macht über uns zu gewinnen (siehe Epheser 4,26-27). Wir sollten Wut und jede andere Form innerer Unruhe schnell verarbeiten, um unseren Frieden zu bewahren. Frieden gibt uns Kraft; ungezügelte Emotionen geben dem Teufel Raum.

## Zur persönlichen Vertiefung

Bewahrst du in allen Situationen die Ruhe? Wenn du deinen inneren Frieden verlierst, schaffst du es dann, deine Gefühle schnell unter Kontrolle zu bringen und Frieden wiederzuerlangen?

## *4. Der Schild des Glaubens*

Römische Soldaten hatten Schilde, was ihnen aber nichts nützte, solange sie sich damit im entscheidenden Moment nicht schützten. Paulus sagt nicht, dass wir den Schild des Glaubens bloß herumtragen, sondern dass wir ihn *einsetzen* sollen. Das heißt, wir sollen unseren Glauben aktivieren, wann immer der Teufel uns auf irgendeine Weise angreift. Paulus schreibt erstaunliche Worte, wenn er sagt, dass wir damit die feurigen Pfeile des Teufels abwehren können. Wir können jeden Angriff von ihm abwehren, solange wir unseren gottgegebenen Glauben einsetzen. Wir setzen ihn ein, indem wir Gott vertrauen und mit Sicherheit wissen, dass er treu ist. Glaube betet, bekennt die Wahrheit und gehorcht Gott unverzüglich.

## Zur persönlichen Vertiefung

Setzt du den Schild des Glaubens jedes Mal ein, wenn der Teufel dich angreift?

### *5. Der Helm des Heils*

Römische Soldaten trugen Helme, um ihren Kopf in der Schlacht zu schützen. Auch wir müssen unsere Helme aufsetzen, denn wir befinden uns in einem geistlichen Kampf. Unsere Helme bestehen nicht aus Metall; wir setzen sie durch die richtige Denkweise auf. Unser Denken muss von der Wahrheit bestimmt sein, dass wir durch Jesus Christus gerettet sind.

Jesus hat uns zu neuen Menschen gemacht (siehe 2. Korinther 5,17) und er lädt uns ein, eine ganz neue Denkweise zu entwickeln. Indem wir unser Denken beständig erneuern, können wir die Oberhand über den Teufel gewinnen. Unsere Gedanken sind ein Schlachtfeld, auf dem der Teufel uns angreift. Den Helm des Heils zu tragen, schützt unsere Gedanken vor Entmutigung, Zweifeln und Verzweiflung, neben vielen anderen schädlichen Gedanken.

Als Kinder Gottes können wir nicht erwarten, von allen Schwierigkeiten abgeschirmt zu werden, aber wir können immer Hoffnung haben. Hoffnung ist ein großer Motivator, der uns dazu bringt, weiter im Glauben voranzugehen. Uns steht Hoffnung zur Verfügung, aber wir müssen sie »aufsetzen«. Am besten haben wir also immer unseren Helm auf. Soll heißen: Wir schützen uns, indem wir dafür sorgen, dass unser Denken mit dem Wort Gottes und seinem Plan für unser Leben übereinstimmt.

## Zur persönlichen Vertiefung

Gibst du acht auf die Dinge, über die du nachdenkst, und entscheidest dich für Gedanken, die mit der Bibel im Einklang sind?

## *6. Das Schwert des Geistes*

Das Schwert war für Soldaten eine Waffe, die sowohl dem Angriff als auch der Verteidigung diente. Der Ausdruck »das Schwert, das der Geist euch gibt« beziehungsweise »Schwert des Geistes« kommt nur einmal in der Bibel vor, hier im Epheserbrief. Paulus möchte uns klarmachen, dass Gottes Wort sowohl eine offensive als auch eine defensive Waffe ist. Jeder Christ befindet sich im Kampf mit geistlichen Mächten. Am besten schlagen wir sie, indem wir sie mit Gottes Wort angreifen, das heißt darüber nachsinnen, es glauben, aussprechen, unsere Gebete mit ihm füllen und ihm gehorchen.

Ich persönlich finde es besonders hilfreich, Gottes Wort laut auszusprechen, und viele andere Menschen haben dieselbe Erfahrung gemacht. Ich kann dir nur wärmstens empfehlen, es dir zur Gewohnheit zu machen, biblische Wahrheiten regelmäßig auszusprechen, besonders wenn der Teufel dich auf irgendeine Weise angreift. Wenn du dich beispielsweise entmutigt fühlst, kannst du sagen: »Die Freude am Herrn ist meine Stärke. Er ist auf meiner Seite und kämpft für mich.« Wenn dir die Kraft oder Energie fehlt, einer Verpflichtung nachzukommen oder eine Aufgabe zu erledigen, kannst du sagen: »Gott ist meine Kraft. Durch Jesus ist mir alles möglich.«

## Zur persönlichen Vertiefung

Greifst du zum Schwert des Geistes – dem Wort Gottes –, um dir zu helfen, den Teufel zu besiegen und deine Gedanken zu erneuern?

Die sechs Teile der Waffenrüstung Gottes sind äußerst wertvoll, aber wir müssen uns immer wieder daran erinnern, dass sie uns nicht helfen, wenn wir sie nicht anlegen und einsetzen. Wir gehen ja auch nicht nackt oder nur halb angezogen aus dem Haus. Genauso sollten wir auch unseren Alltag nicht angehen, ohne die komplette Waffenrüstung Gottes anzulegen.

## In jeder Situation beten

*Epheser 6,18-24*

*Betet immer und in jeder Situation mit der Kraft des Heiligen Geistes. Bleibt wachsam und betet auch beständig für alle, die zu Christus gehören. Betet auch für mich und bittet Gott, mir die richtigen Worte zu geben, wenn ich mutig das Geheimnis seiner guten Botschaft weitersage. Ich bin im Gefängnis, weil ich als Gottes Bote diese Botschaft verkündet habe. Betet darum, dass ich weiter so offen und furchtlos rede, wie es mir aufgetragen ist! Tychikus, ein geliebter Bruder und treuer Helfer im Dienst des Herrn, wird euch alles von mir erzählen, damit ihr wisst, wie es um mich steht und was ich tue. Mit diesem Auftrag schicke ich ihn zu euch: Er wird euch berichten, wie es uns geht, und wird euch ermutigen. Ich wünsche euch Frieden, liebe Freunde, und Liebe mit Glauben von Gott, dem Vater, und Jesus Christus, dem Herrn. Gottes Gnade wünsche ich allen, die Jesus Christus, unseren Herrn, für immer lieben!*

Paulus sagt, dass wir immer und in jeder Situation beten sollen. Das Vorrecht des Betens gehört zu den größten Geschenken, die Gott uns gegeben hat. Durch das Gebet können wir jederzeit die Tür für Gottes Hilfe öffnen. Gott ist an jedem Aspekt unseres Lebens interessiert und möchte uns bei allem, was uns betrifft, helfen. Wir sollten unser Zuhause, unsere Kinder, unsere Ehe, unsere Finanzen, unsere Gedanken – alles, was Schutz erfordert – mit Gebet bedecken.

In jeder Situation zu beten, trägt dazu bei, eine ganz persönliche Beziehung zu Gott aufzubauen. Gott ist nicht nur an deinem »geistlichen« Leben interessiert, sondern will an allem, was du tust, teilhaben. Also solltest du ihn einladen und beständig seine Hilfe in Anspruch nehmen, indem du alles mit Gebet bedeckst. Das ist ganz einfach, bewirkt aber sehr viel.

Paulus bittet die Epheser auch, für ihn zu beten, insbesondere, dass Gott ihm die richtigen Worte gibt, wenn er seinen Mund zum Lehren und Predigen aufmacht, damit er das Evangelium mutig weitergeben kann.

Zum Abschluss wünscht Paulus den Ephesern noch einmal Frieden und Gnade. Paulus wünscht sich offensichtlich von ganzem Herzen, dass seine Leser im Glauben stark bleiben und in den Genuss des Lebens kommen, das Jesus ihnen durch seinen Tod und seine Auferstehung ermöglicht hat.

Auch zu uns spricht Paulus heute durch diesen Brief und ich bete, dass du ihn immer wieder liest und studierst. Du wirst davon profitieren.

## Zur persönlichen Vertiefung

Stehst du fest in deinem Glauben und besprichst du in jeder Situation alles mit Gott? Genießt du das Leben, das Jesus dir durch seinen Tod geschenkt hat?

# Hast du eine echte Beziehung zu Jesus?

Gott liebt dich! Er hat dich als eine besondere, einzigartige, einmalige Person erschaffen, und er hat einen guten Plan für dein Leben. Durch eine persönliche Beziehung zu deinem Schöpfer – zu Gott – kannst du ein Leben entdecken, das deine Seele wahrhaftig zufrieden machen wird.

Ganz gleich wer du bist, was du getan hast, wo du gerade in deinem Leben stehst: Gottes Liebe und Gnade sind größer als deine Sünde, deine Fehler. Jesus hat sein Leben bereitwillig gegeben, damit du Vergebung von Gott und ein neues Leben durch ihn empfangen kannst. Er wartet nur darauf, dass du ihn einlädst, dein Retter und Herr zu sein.

Wenn du bereit bist, dein Leben Jesus ganz anzuvertrauen und ihm zu folgen, musst du nichts weiter tun, als ihn zu bitten, dass er dir deine Sünden vergibt und dir einen Neustart schenkt, um das Leben zu führen, zu dem du erschaffen bist. Am Anfang kann das folgende Gebet stehen:

*Jesus, danke, dass du dein Leben für mich gegeben hast und mir meine Sünden vergibst, sodass ich eine persönliche Beziehung zu dir haben kann. Die Fehler, die ich gemacht habe, tun mir von Herzen leid, und ich weiß, dass ich dich und deine Hilfe brauche, um richtig leben zu können.*

*Dein Wort sagt in Römer 10,9: »Wenn du mit deinem Mund bekennst, dass Jesus der Herr ist, und wenn du in deinem Herzen glaubst, dass Gott ihn von den Toten auferweckt hat, wirst du gerettet werden.« Ich glaube, dass du der Sohn Gottes bist, und bekenne dich als meinen Retter und Herrn. Bitte nimm mich an, so wie ich bin, und wirke in meinem Herzen. Mach mich zu dem Menschen, der ich nach deinem Willen sein soll.*

*Ich möchte für dich leben, Jesus, und ich bin so dankbar, dass du mir heute einen Neuanfang für ein Leben mit dir schenkst.*
*Ich liebe dich, Jesus!*

Es ist wunderbar zu wissen, dass Gott uns so sehr liebt! Er wünscht sich eine tiefe, persönliche Beziehung zu uns, die jeden Tag wächst, während wir durch Gebet und Bibelstudium Zeit mit ihm verbringen. Wir möchten dich in deinem neuen Leben mit Jesus Christus ermutigen.

Auf unserer Website joyce-meyer.de gibt es auch andere Materialien, die dir helfen können, Fortschritte auf deiner Entdeckungsreise hin zu allem zu machen, was Gott für dich bereithält. Außerdem empfehlen wir dir, an einem Glaubensgrundkurs teilzunehmen, z. B. an einem »Alpha-Kurs«. Unter alphakurs.de findest du sicher ein Treffen in deiner Nähe.

Herzlichen Glückwunsch zu deinem Neustart – deinem Leben mit Jesus Christus! Wir hoffen, bald von dir zu hören.

# Joyce Meyer

Joyce Meyer ist eine der weltweit bekanntesten Bibellehrerinnen. Als Bestsellerautorin hat sie mehr als 100 wegweisende Bücher geschrieben, unter anderem „Gib niemals auf", „Powergedanken" sowie „Das Schlachtfeld der Gedanken". Die meisten ihrer Bücher wurden in mehr als 150 Sprachen übersetzt. Darüber hinaus hat sie Tausende von Lehrvorträgen auf CD und DVD herausgegeben. Die Radio- und Fernsehprogramme *Enjoying Everyday Life (Das Leben genießen)* werden weltweit ausgestrahlt. Joyce und ihr Mann Dave haben vier erwachsene Kinder und leben in St. Louis, Missouri, USA.

# Über Joyce Meyer Ministries (JMM)

## Hand of Hope – der christliche Hilfsdienst von Joyce Meyer

Joyce und Dave Meyers zentrales Anliegen ist es, armen und verletzten Menschen in der ganzen Welt zu helfen. Es geht darum, nicht nur zu reden, sondern auch konkret zu handeln. Darum bringt Joyce Meyer Ministries (JMM) humanitäre Hilfe in verschiedene Krisenregionen der Welt. Dies geschieht mit neun internationalen Büros und in Zusammenarbeit mit über 35 weltweit tätigen Missionsgesellschaften.

Auf diese Weise werden über 29 Millionen Mahlzeiten pro Jahr in den Hungerregionen der Welt ausgegeben, Waisenheime in armen Ländern unterhalten, Dörfer mit sauberem Trinkwasser versorgt und Tausende von Gefängnisinsassen unterstützt. Außerdem gründet und fördert JMM Gemeinden in Ländern, wo Christen unter Verfolgung leiden, bietet medizinische Hilfe und hilft alten wie jungen Menschen in den „Gettos" von Großstädten, wie mit dem Dream Center in St. Louis. Mehr Infos unter **joyce-meyer.de/hand**

## TV und Radio

Die *Enjoying Everyday Life (Das Leben genießen)*-Sendungen in Radio und Fernsehen erreichen täglich Hunderttausende weltweit. Im September 1993 konnte das Programm wöchentlich auf zwei Kanälen empfangen werden. Heute wird *Enjoying Everyday Life* täglich und wöchentlich von über 1000 TV- und Radiosendern weltweit ausgestrahlt. Das Programm wird mittlerweile in über 100 Sprachen übersetzt und kann sogar in der arabischen Welt empfangen werden.

## Internet

Unter **joyce-meyer.de** können Sie die Sendung *Das Leben genießen* rund um die Uhr sehen. Außerdem erhalten Sie dort aktuelle Informationen, können Bücher, eBooks, DVDs und CDs bestellen, sich kostenfrei zur täglichen Andacht anmelden oder Kontakt zu uns aufnehmen.

Vorträge von Joyce Meyer in anderen Sprachen finden Sie unter **tv.joycemeyer.org**

Werden Sie Follower von Joyce Meyer auf Instagram! Lassen Sie sich täglich von ihr ermutigen und auf dem Laufenden halten: **instagram.com/joycemeyergermany**
Oder sehen Sie die TV-Sendungen online auf **youtube.com/joycemeyergermany**

## Konferenzen

Konferenzen quer durch die USA sind nach wie vor Joyce Meyers Leidenschaft. Die Menschen kommen in Scharen und Joyce predigt das Wort Gottes und gibt praktische Lebenshilfe in der ihr eigenen direkten und humorvollen Art. Gleichzeitig werden diese Konferenzen für Fernsehsendungen aufgezeichnet.

# Weitere Bücher & Artikel von Joyce Meyer

## Themenwelt: Gott begegnen

**Die Bibel. Lesen. Glauben. Kunstlederausgabe**
Mit Impulsen von Joyce Meyer
1.850 Seiten plus 16 Seiten farbiges Kartenmaterial
EUR 49,99 | CHF 72.–
ISBN 978-3-945678-38-1
Diese besondere Bibelausgabe mit Kommentaren, persönlichen Gedanken und Gebeten von Joyce Meyer gibt es jetzt auch im hochwertigen Kunstledereinband. Eine rundum gelungene Geschenkidee!

**Die Bibel mit Impulsen von Joyce Meyer**
Lesen. Glauben. Leben. (Neues Leben Übersetzung)
1.850 Seiten plus 16 Seiten farbiges Kartenmaterial
EUR 39,99 | CHF 61.60
ISBN 978-3-945678-22-0
Joyce Meyer erklärt in dieser besonderen Bibelausgabe Zusammenhänge, kommentiert einzelne Kapitel und Verse und erzählt, was sie ihr persönlich bedeuten. Tauchen Sie ein in Gottes Wort und lassen Sie sich davon ganz neu bewegen!

**Jakobusbrief**
Ein praktischer Bibelkommentar
154 Seiten, Paperback, auch als **eBook** erhältlich
EUR 12,90 | CHF 17.90
ISBN 978-3-945678-45-9
Wie kann das Leben als Christ im Alltag gelingen? Mit dieser Frage beschäftigt sich der Jakobusbrief. Es werden darin eine Vielzahl von Themen beleuchtet, die sowohl den Glauben stärken als auch helfen, ihn auf praktische Weise umzusetzen. Entdecken Sie neu die lebensverändernde Kraft des Wortes Gottes und lernen Sie, Glaubensschritte im Alltag zu gehen.

**Gott täglich nah sein**
Einblicke in die stillen Zeiten von Joyce Meyer
432 Seiten, Hardcover, auch als **eBook** erhältlich
EUR 16,90 | CHF 23.70
ISBN 978-3-945678-23-7
In diesem sehr persönlichen Andachtsbuch hat Joyce über einen Zeitraum von drei Jahren zusammengestellt, was Gott ihr persönlich ins Herz gesprochen hat. Es sind Impulse und Wahrheiten, die auch für Sie gelten! Lassen Sie sich davon inspirieren und erleben Sie, wie eine neue Nähe zu Gott Ihren Alltag prägen und verändern wird.

**Dankbar durch den Tag**
Tägliche Andachten für mehr Freude im Leben
386 Seiten, Hardcover, auch als **eBook** erhältlich
EUR 14,90 | CHF 20.90
ISBN 978-3-945678-05-3
Wer dankbar ist, geht leichter durchs Leben. Und es gibt so viel Grund, dankbar zu sein! Dieses Andachtsbuch von Joyce Meyer wird Ihnen den Blick dafür öffnen, all das Gute zu entdecken, das Gott für Sie tut. Üben Sie sich im Dankbarsein und Sie werden erleben, wie sich Ihre Perspektive und Ihre Haltung grundlegend ändern, wodurch Ihr Leben an Freude und Leichtigkeit gewinnt. Nehmen Sie dieses Buch täglich zur Hand, machen Sie Dankbarkeit zu Ihrer neuen Gewohnheit und lassen Sie sich von Gottes Liebe begeistern!

**Der richtige Start in den Tag**
Andachten für jeden Morgen
390 Seiten, Hardcover, auch als **eBook** erhältlich
EUR 10,– | CHF 14.–
ISBN 978-3-939627-02-9
Gottes Gnade ist jeden Morgen neu. Finden Sie es heraus. In kurzen, knackigen Andachten gibt Joyce Meyer einen Gedankenanstoß pro Tag mit einem passenden Bibelvers und seiner praktischen Umsetzung im Alltag. Herausfordernd, humorvoll, anregend.

Bestellservice: D: **040 888841111** CH: **0848 880011** oder unter **joyce-meyer.de/shop**

# Themenwelt: Gott begegnen

**Gott hören – jeden Morgen**
Tägliche Andachten
400 Seiten, Hardcover, auch als **eBook** erhältlich
EUR 15,– | CHF 21.–
ISBN 978-3-939627-29-6
Wir leben in einer Zeit, die von Hektik und Lärm geprägt ist. Jeden Tag reden viele unterschiedliche Stimmen auf uns ein. Sie lenken uns ab und können verhindern, dass wir auf die wichtigste Stimme hören – die Stimme Gottes. Lassen Sie sich durch dieses Andachtsbuch von Joyce Meyer anleiten, eine engere Beziehung zu Gott aufzubauen und Verhaltensweisen einzuüben, die dabei helfen, Gottes Stimme besser zu erkennen.

**Gott vertrauen – Tag für Tag**
365 Andachten
544 Seiten, Hardcover, auch als **eBook** erhältlich
EUR 19,50 | CHF 27.50
ISBN 978-3-939627-38-8
Heutzutage setzen viele Menschen ihr Vertrauen auf ihre Lebensumstände, ihren Erfolg, ihre Talente oder die Meinung anderer. Aber Gott bittet uns, ihm unser ganzes Vertrauen zu schenken und das umzusetzen, was in seinem Wort steht. Ein derartiger Lebensstil entwickelt sich allerdings nicht von selbst – wir müssen aktiv darauf hinarbeiten. Wir alle brauchen Hilfe, um gute Entscheidungen zu treffen, Sorgen und Furcht zu überwinden und eine positive Einstellung zu bewahren. Wie das gelingen kann, erklärt Joyce Meyer in diesem Andachtsbuch.

**Heilung für die Seele einer Frau**
Wie du emotionalen Schmerz erkennst und überwindest
288 Seiten, Paperback, auch als **eBook** erhältlich
ISBN 978-3-945678-28-2
EUR 14,50 | CHF 20.30
Gott kann und möchte jeden Schmerz heilen – auch Ihren. Lassen Sie sich durch Joyce Meyers Geschichte ermutigen. Sie wurde missbraucht, vernachlässigt und betrogen – und durfte erleben, wie die erlösende Liebe von Jesus Christus ihre emotionalen Wunden heilte. Dieses Buch wird Ihnen helfen, Ihren eigenen Schmerz zu erkennen und Schritt für Schritt zu überwinden.

**Wie man Gottes Reden hört**
Erkennen Sie Gottes Stimme und entscheiden Sie richtig
280 Seiten, Paperback, auch als **eBook** erhältlich
EUR 12,– | CHF 16.80
ISBN 978-3-945678-00-8
Gott möchte Sie bei allem, was Sie tun, leiten: ob bei schwerwiegenden Fragen des Lebens oder bei kleinen Herausforderungen des Alltags. Er will Sie auch seine Absichten für Ihr Leben wissen lassen. Lebensnah erklärt Joyce Meyer, welche Wege Gott wählt, um zu Ihnen zu sprechen. Gott redet gerne mit Ihnen. Und wenn Sie zuhören, werden Sie ihn hören.

**Die geheimnisvolle Kraft Gottes Wort auszusprechen**
200 Seiten, Hardcover, auch als **eBook** erhältlich
EUR 13,50 | CHF 19.–
ISBN 978-3-939627-41-8
Während ihres Lebens und Dienstes hat Joyce Meyer wiederholt die schöpferische Kraft erfahren, die im Aussprechen des Wortes Gottes liegt. In diesem Buch trägt sie die wichtigsten Verheißungen und Bekenntnisse aus der Bibel für verschiedenste Lebensumstände zusammen: Bekenntnisse für Eltern, Singles und Familien, und was die Bibel über Ärger, Sorge und gesellschaftliche Verantwortung sagt. „Die geheimnisvolle Kraft" im Alltag angewendet wird Ihr Leben verändern.

**„Stark und mutig"-Aufstellbuch**
Unsere „Stark und mutig"-Produkte – zum Verschenken oder Sich-selbst-Beschenken!
Abwechselnd 26 Bibelzitate & 26 Impulse von Joyce
Insgesamt 52 Seiten | Art.-Nr. 446781032
EUR 12,– | CHF 16.80

**„Stark und mutig"-Postkarten-Set**
18 verschiedene Postkartenmotive
Art.-Nr. 446781033
EUR 10,– | CHF 14.–

Bestellservice: D: **040 888841111** CH: **0848 880011** oder unter **joyce-meyer.de/shop**

# Themenwelt: Mit Jesus den Alltag meistern

**Mach dir keine Sorgen**
Die Kunst, seine Lebensängste Gott zu überlassen
208 Seiten, Paperback, auch als **eBook** erhältlich
ISBN 978-3-939627-37-1
EUR 10,– | CHF 14.–
Treffen Sie die Entscheidung, sich im Alltag nicht länger von Ihren Ängsten und Sorgen niederdrücken zu lassen! Sie dürfen Gott vertrauen. Er kümmert sich um Sie und schenkt innere Ruhe in den unmöglichsten Situationen. Joyce Meyer erklärt in diesem Buch, wie Sie Ihre Sorgen auf Gott werfen, aber gleichzeitig Verantwortung für Ihr Leben übernehmen können.

**Voller Hoffnung**
Erwarte jeden Tag etwas Gutes
240 Seiten, Paperback, auch als **eBook** erhältlich
ISBN 978-3-945678-06-0
EUR 10,– | CHF 14.–
In der Hoffnung auf Gott liegt die Kraft, die Ihr Leben verändert. Eine neue Lebensfreude wartet auf Sie, sobald Sie anfangen, Gutes von Gott zu erwarten. Entdecken Sie, wie Sie sich von Entmutigung befreien und stattdessen Ihre Träume umsetzen können. In diesem Buch gibt Joyce Meyer praktische Tipps, wie Sie Hoffnung im Alltag einüben und auch konkret zum Ausdruck bringen können. Das wird Ihnen die Tür öffnen zu den unbegrenzten Möglichkeiten Gottes.

**Überlastet**
Wie Stress Sie nicht mehr stresst
256 Seiten, Paperback, auch als **eBook** erhältlich
ISBN 978-3-945678-07-7
EUR 12,90 | CHF 17.–
Niemand ist immun gegen Stress. Doch wir sind ihm auch nicht hilflos ausgeliefert. Entdecken Sie biblische Wahrheiten und von Joyce Meyer selbst erprobte Lösungen, die Ihnen im Alltag helfen werden, besser mit stressigen Situationen umzugehen. Und denken Sie immer daran: Gottes Hilfe steht Ihnen zur Verfügung!

**Wie du dein Leben lieben kannst**
Entdecke die Lebensqualität, die Gott schenkt
256 Seiten, Paperback, auch als **eBook** erhältlich
EUR 14,90 | CHF 19.90
ISBN 978-3-945678-34-3
Joyce Meyer, die mit Gottes Hilfe aus tiefstem Elend zu Frieden und Zufriedenheit gelangen durfte, gibt Ihnen in diesem Buch Schlüssel an die Hand, wie Sie Ihren Alltag wieder mit Begeisterung anpacken können. Nehmen Sie einen Perspektivwechsel vor und entdecken Sie die Lebensqualität, die Gott Ihnen schenkt!

**Der Tag gehört dir**
... Mach das Beste draus!
288 Seiten, Paperback, auch als **eBook** erhältlich
EUR 13,90 | CHF 19.50
ISBN 978-3-945678-13-8
Sie haben nur ein Leben. Was tun Sie damit? Mit Gott an Ihrer Seite können Sie das Beste aus jedem Tag machen und das erreichen, was Gott für Sie vorbereitet hat. Joyce Meyer gibt Tipps für Ihre Zeit- und Lebensplanung und leitet Sie an, jeden Tag bewusst zu gestalten und mit Entschlossenheit die Ziele Gottes für Ihr Leben umzusetzen.

**20 Tipps für einen glücklichen Tag**
240 Seiten, Paperback, auch als **eBook** erhältlich
ISBN 978-3-945678-14-5
EUR 12,90 | CHF 17.–
Finden Sie sich mit schlechten Tagen einfach ab? Das hilft nicht weiter, sagt Joyce Meyer. Sie hat 20 alltagstaugliche Möglichkeiten entdeckt, wie Sie aus jedem Augenblick das Beste machen können. Lernen Sie mit Gottes Hilfe Ihr Leben in positive Bahnen zu lenken und schon heute glücklich und zufrieden zu sein – nicht erst morgen.

Bestellservice: D: **040 888841111** CH: **0848 880011** oder unter **joyce-meyer.de/shop**

# Themenwelt: Mit Jesus den Alltag meistern

**Gib niemals auf**
Sei fest entschlossen, die Herausforderungen des Lebens zu meistern
304 Seiten, Paperback, auch als **eBook** erhältlich
EUR 13,– | CHF 18.30
ISBN 978-3-939627-23-4
Jeder hat schon einmal versagt oder ist an einer Sache gescheitert. Wichtig ist, in diesen Momenten nicht aufzugeben, sondern die eigenen Träume und Ziele mutig weiterzuverfolgen. In diesem Buch verbindet Joyce Meyer inspirierende und verblüffende Geschichten von unterschiedlichen Menschen mit praktischer Lebenshilfe. Ein absoluter Mutmacher, der herausfordert, aufzustehen und sich nicht unterkriegen zu lassen!

**Nur Mut!**
Lebe leidenschaftlich und zielgerichtet
368 Seiten, Paperback, auch als **eBook** erhältlich
EUR 16,50 | CHF 23.–
ISBN 978-3-939627-25-8
Leidenschaft oder Langeweile – Sie haben die Wahl! Um jeden Morgen motiviert aufzustehen, ist es wichtig, Ziele zu haben und die von Gott gegebene Bestimmung für unser Leben zu erkennen. Gleichzeitig brauchen wir ein Herz voller Leidenschaft. In diesem Buch fordert Joyce Meyer Sie heraus, diese Dinge zu entwickeln und unproduktive Haltungen zu überwinden. Mit praktischen Tipps zur Umsetzung!

**Powergedanken**
12 Strategien für einen Sieg auf dem Schlachtfeld der Gedanken
336 Seiten, Paperback, auch als **eBook** erhältlich
EUR 17,– | CHF 23.80
ISBN 978-3-939627-27-2
Werden Sie immer wieder von negativen Gedanken bedrängt und können diese nur schwer abschütteln? Lassen Sie nicht länger zu, dass Ihre Gedankenwelt zu einem geistigen Schrottplatz verkommt! In „Powergedanken" – dem Nachfolgeband zu „Das Schlachtfeld der Gedanken" – leitet Joyce Meyer Sie anhand biblischer Prinzipien an, neue Denkweisen zu entwickeln, die das Leben positiv beeinflussen.

**Trotz allem Gott vertrauen**
Wie Zweifel und Sorgen dein Leben nicht erschüttern müssen.
272 Seiten, Paperback, auch als **eBook** erhältlich
ISBN 978-3-945678-19-0
EUR 13,50 | CHF 18.90
Fragen Sie sich auch manchmal: „Wo ist eigentlich Gott? Wie kann ich noch an ihn glauben, angesichts all der Probleme um mich herum?“ Mit diesen Fragen sind Sie nicht allein und Gott hält sie gut aus. Joyce Meyer möchte mit diesem Buch den Blick dafür öffnen, dass es möglich ist, Gott jederzeit und in allem zu vertrauen. Mitten in der Lebenskrise. Unter schwierigsten Umständen. Trotz existenzieller Ängste und unbeantworteter Fragen. Entdecken Sie, wie Sie die Stürme und Widrigkeiten des Lebens mit Frieden im Herzen meistern können.

**Über den Gefühlen stehen**
Wie Sie emotional nicht baden gehen
288 Seiten, Paperback, auch als **eBook** erhältlich
EUR 14,– | CHF 19.60
ISBN 978-3-939627-31-9
Gefühle können sehr stark sein und unsere Aufmerksamkeit fordern. Dennoch sollten wir uns nicht von ihnen kontrollieren lassen. Joyce Meyer beschreibt, welche Gefühlsskala Menschen durchlaufen. Sie verbindet die Weisheit der Bibel mit psychologischen Erkenntnissen und gibt dem Leser Werkzeuge an die Hand, auf produktive Weise mit den eigenen Emotionen umzugehen.

**Lass dich nicht entmutigen**
128 Seiten, Hardcover
EUR 12,80 | CHF 18.–
ISBN 978-3-945678-01-5
Stress, Sorge, Unsicherheit, Niedergeschlagenheit – alles keine Fremdwörter für Sie? Lassen Sie sich von Joyce ermutigen, Trost, Sicherheit und Hilfe bei Gott zu suchen. Er hat eine Perspektive für Ihr Leben! Die kurzen Impulse und Bibelverse laden zum Nachdenken ein und machen Mut, von Gott alles zu erwarten.

# Die Joyce Meyer Themenhefte

EUR 3,30 | CHF 4.60

**Sich selbst annehmen**
112 Seiten, geheftet
Art.-Nr. 446781023

**Gnade – Gott ist für dich**
100 Seiten, geheftet
Art.-Nr. 446781021

**Wege aus Mobbing und Ablehnung**
88 Seiten, geheftet
Art.-Nr. 446781022

**Erlebte Heilung**
48 Seiten, geheftet
Art.-Nr. 446781007

**Lerne Gott zu vertrauen**
56 Seiten, geheftet
Artikel-Nr. 446781011

**Erfüllt mit dem Heiligen Geist**
64 Seiten, geheftet
Art.-Nr. 446781005

**Geordnete Finanzen**
40 Seiten, geheftet
Artikel-Nr. 446781014

**Set: alle 7 Themenhefte**
Art.-Nr. 446781024
EUR 19,80 | CHF 27.70